研究生"十四五"规划精品系列教材

游泳运动教程

刘迅雷 主编

图书在版编目(CIP)数据

游泳运动教程 / 刘迅雷主编. -- 西安 : 西安交通大学出版社, 2024.11. -- ISBN 978-7-5693-2519-5

Ⅰ.G861.1

中国国家版本馆CIP数据核字第2024KZ4133号

书　　名	游泳运动教程
主　　编	刘迅雷
策划编辑	王斌会
责任编辑	魏　芳　高海梦
责任校对	白　露
装帧设计	伍　胜
出版发行	西安交通大学出版社 (西安市兴庆南路1号　邮政编码710048)
网　　址	http://www.xjtupress.com
电　　话	(029)82668357　82667874(市场营销中心) (029)82668315(总编办)
传　　真	(029)82668280
印　　刷	陕西奇彩印务有限责任公司
开　　本	787mm×1092mm　1/16　印张　14.25　字数　254千字
版次印次	2024年11月第1版　2024年11月第1次印刷
书　　号	ISBN 978-7-5693-2519-5
定　　价	48.00元

如发现印装质量问题，请与本社市场营销中心联系。

订购热线：(029)82668357　(029)82667874

投稿热线：(029)82668525

版权所有　侵权必究

目 录

第一章　中国游泳的崛起与辉煌 …………………………………………（1）

第二章　高校游泳运动 ……………………………………………………（7）
　第一节　体美劳育人计划 ………………………………………………（9）
　第二节　游泳协会历史沿革和现状 ……………………………………（12）
　第三节　主要活动介绍 …………………………………………………（14）
　第四节　如何加入泳协 …………………………………………………（16）
　第五节　泳协管理制度 …………………………………………………（17）

第三章　游泳运动概述 ……………………………………………………（19）
　第一节　游泳锻炼的意义与价值 ………………………………………（21）
　第二节　游泳的分类 ……………………………………………………（24）
　第三节　游泳运动管理机构 ……………………………………………（29）
　第四节　竞赛组织与裁判员 ……………………………………………（31）
　第五节　比赛通则 ………………………………………………………（35）
　第六节　各项泳式的比赛规定 …………………………………………（38）
　第七节　场地、器材设备 ………………………………………………（40）
　第八节　水球 ……………………………………………………………（44）
　第九节　跳水 ……………………………………………………………（45）
　第十节　公开水域游泳 …………………………………………………（47）
　第十一节　游泳活动中的健康和卫生 …………………………………（49）

第四章　游泳技术概述 ……………………………………………………（53）
　第一节　基本概念 ………………………………………………………（55）

第二节　水环境特点与阻力 …………………………………………（57）

第五章　游泳练习概述 ………………………………………………（65）
　　第一节　游泳练习原则 ……………………………………………（67）
　　第二节　游泳练习的主要内容 ……………………………………（69）
　　第三节　游泳练习的主要方法和手段 ……………………………（73）
　　第四节　陆上练习简介 ……………………………………………（77）
　　第五节　游泳练习计划的制订 ……………………………………（78）

第六章　蛙泳 …………………………………………………………（83）
　　第一节　蛙泳起源与技术发展趋势 ………………………………（85）
　　第二节　蛙泳技术 …………………………………………………（86）
　　第三节　蛙泳的动作要点及练习方法 ……………………………（92）

第七章　爬泳 …………………………………………………………（99）
　　第一节　爬泳起源与技术发展趋势 ………………………………（101）
　　第二节　爬泳技术 …………………………………………………（102）
　　第三节　爬泳的动作要点及练习方法 ……………………………（113）

第八章　仰泳 …………………………………………………………（121）
　　第一节　仰泳起源与技术发展趋势 ………………………………（123）
　　第二节　仰泳技术 …………………………………………………（124）
　　第三节　仰泳的动作要点及练习方法 ……………………………（130）

第九章　蝶泳 …………………………………………………………（137）
　　第一节　蝶泳起源与技术发展趋势 ………………………………（139）
　　第二节　蝶泳技术 …………………………………………………（140）
　　第三节　蝶泳的动作要点及练习方法 ……………………………（147）

第十章　出发技术 ……………………………………………………（153）
　　第一节　出发技术概述 ……………………………………………（155）
　　第二节　出发技术分析 ……………………………………………（155）
　　第三节　出发技术的动作要点及练习方法 ………………………（163）

第十一章　转身技术 (169)

第一节　转身技术概述 (171)

第二节　蛙泳和蝶泳转身技术分析 (171)

第三节　爬泳转身技术分析 (172)

第四节　仰泳转身技术分析 (175)

第五节　混合泳转身技术分析 (179)

第六节　转身技术的动作要点及练习方法 (180)

第十二章　游泳救生 (185)

第一节　游泳救生的起源和发展 (187)

第二节　游泳救生的定义、分类、意义和基本原则 (190)

第三节　游泳救生的观察与判断 (191)

第四节　救生游泳的基本技术 (192)

第五节　游泳救生的赴救技术 (198)

第六节　游泳救生的现场急救 (210)

第七节　溺水者的心肺复苏 (213)

第八节　游泳安全常识及自我救助 (219)

第一章

中国游泳的崛起与辉煌

第一章 中国游泳的崛起与辉煌

中国作为世界文明古国之一,历史悠久,水域辽阔,因而游泳活动有着深厚的历史渊源。古代劳动人民把游泳作为同大自然作斗争的一种手段,在生产劳动中不断地发展游泳的各种技能,创造了不少泅水的方法,如:狗爬式、寒鸦浮水、扎猛子等,至今还在民间流传。

近代游泳运动开始于我国广州、福建、上海、青岛、大连等沿海城市。1887年,广州沙面修建了长25米的室内游泳池,后逐渐有了游泳比赛,1920年增加了女子游泳的比赛项目。19世纪末至20世纪初,尽管游泳运动有了一些发展,但在旧中国只能是少数人的娱乐工具。因此游泳运动和其他运动项目一样很难发展,运动水平低下。

新中国成立后,游泳运动快速发展,全国各地修建的游泳场馆和数以千计的天然游泳场所,为亿万人民参加游泳活动创造了良好的条件。毛泽东同志十分重视体育运动,他最喜欢的体育项目就是游泳。

在1953年第4届世界青年联欢节的游泳比赛中,我国优秀运动员吴传玉获得男子100米仰泳冠军,新中国的五星红旗第一次在国际运动场上空飘扬。随后我国蛙泳运动员穆祥雄多次打破男子100米蛙泳世界纪录,为祖国争得了荣誉。

在1959年第1届全国运动会上有19人25次打破多项全国游泳纪录。1965年第2届全国运动会上有59人134次打破了25项全国游泳纪录。在1975年第3届全国运动会上有18人打破17项全国纪录。改革开放以来,我国的游泳事业更是蓬勃发展,中国游泳健儿在国际泳坛不断有佳绩传回,取得多次世界冠军。

1982年,中国游泳队第1次参加世锦赛,但是首枚世锦赛金牌却等到了1991年的珀斯世锦赛。在女子400米个人混合泳决赛中,林莉以4分41秒45的成绩夺得冠军,改写了中国游泳无缘世界大赛冠军的历史。随后,林莉又以2分13秒40勇夺200米个人混合泳的金牌,在世锦赛夺得2枚金牌。

中国游泳在奥运会上的突破,与来自上海的"金花"庄泳有关。1988年首尔奥运会,她获得女子100米自由泳银牌,改写了中国游泳无缘奥运会奖牌的历史。4年之后在巴塞罗那奥运会上,庄泳又以54秒64夺得100米自由泳金牌,不仅打破了奥运会纪录,而且成为中国夺得奥运会游泳冠军的第一人。

1994年罗马世锦赛,中国泳军登上历史最高峰。比赛中,以贺慈红为代表的中国金花夺取16个女子项目中的12枚金牌,中国女子游泳健儿还创造了女子50米和100米自由泳、100米仰泳、4×100米自由泳接力、4×100米混合泳接力5项世界纪录,震惊国际泳坛。加上跳水队的4枚金牌,中国水军以16金的成绩首次登上世锦赛金牌榜首位。

1998年珀斯世锦赛的最大突破是曾启亮以1分01秒76夺得男子100米蛙泳银牌，仅以0.42秒的微弱差距不敌1996年亚特兰大奥运会冠军德博格拉耶夫，曾启亮的这枚银牌也是中国男子游泳选手夺得的首枚世锦赛奖牌。

2008年北京奥运会之前，中国男子游泳选手在奥运会上的最好表现是第4名，由上海选手蒋丞稷在1996年亚特兰大奥运会中创造。张琳的出现改变了一切，他在北京奥运会男子400米自由泳决赛中以3分42秒44夺得银牌，实现了中国男子游泳运动员在奥运会比赛奖牌零的突破。

2009年罗马游泳世锦赛，中国选手张琳以7分32秒12的成绩获得男子800米自由泳冠军，并且打破了世界纪录。这是中国男子游泳选手第一次在世锦赛级别的世界大赛中获得冠军，加上2008年北京奥运会400米自由泳的银牌，张琳成为了中国男子游泳队中同时取得世锦赛和奥运会双料奖牌的历史第一人。

近几年中国男子游泳选手正在一点点地崛起。2010年广州亚运会男子4×200米自由泳接力决赛中，由张琳、蒋海琦、李昀琦等组成的中国队以7分07秒68夺冠，这是张琳的首枚亚运会金牌，同时中国队也打破了日本队在这个项目多年的领先地位。

女子接力一直是中国队在游泳比赛中的突破点，她们在世界大赛中曾收获无数荣誉，也多次打破世界纪录。相比之下，中国男子游泳接力往往都难以跻身决赛，但自从张琳等领衔的一代崛起之后，中国男子接力整体实力显著提升。在广州亚运会首次战胜日本之后，在2011年上海游泳世锦赛中，由汪顺、张琳、李昀琦等选手组成的中国队以7分05秒68获得铜牌，打破了由中国队自己保持的亚洲纪录，这也是中国男子游泳队首次在世界大赛中获得奖牌，创造了历史。

在2011年上海游泳世锦赛男子1500米自由泳决赛中，中国选手以14分34秒14的成绩夺冠，并打破由澳大利亚名将哈克特保持了10年之久的世界纪录，这是中国男泳首次登顶奥运项目。这个冠军对于中国男子游泳队意义非凡。

此后，在2017年布达佩斯世锦赛中，徐嘉余创造了男子100米仰泳的历史，夺得金牌，为中国男子仰泳首开先河。

在2023年9月的杭州亚运会中，潘展乐在男子100米自由泳项目中游出了46秒97的成绩，成为亚洲第1位游进47秒内的运动员。汪顺在200米混合泳中再度刷新亚洲纪录。

在2024年2月的多哈世锦赛中，中国游泳队延续了以往的火热势头，董志豪在男子200米蛙泳项目中夺冠，季新杰、王浩宇、潘展乐、张展硕联手出击男子4×200米自由泳接力并斩获金牌，此次世锦赛也是自1994年罗马世锦赛以来的最好成绩。在男女4×100米自由泳接力中中国队夺冠，同时第一棒出发的潘展乐刷新了世界纪录。

目前，我国游泳的整体水平处于世界上游，具有相当强的实力。在奥运会等国际比赛中，中国游泳队多次获得金牌并在世界排名中名列前茅。我们要继续发奋图强，艰苦奋斗，加强训练提高技术水平，努力赶超世界游泳运动先进水平，加强后备力量的培养，为建设体育强国作出更大的贡献。

第二章

高校游泳运动

本章以西安交通大学研究生游泳课程为例,介绍高校游泳运动的开展方式。西安交通大学研究生游泳运动始于2004年,在该校兴庆校区游泳馆投入使用后,开设了研究生游泳选修课,制定了研究生游泳教学大纲及考核标准。该校每学期选修课由开始的4个班逐步达到18个班,受益学生两万余人。学生们积极参与校内的各项游泳锻炼活动,强健身体,培养坚韧的意志品质。2021年,该校研究生逐步迁往创新港校区,同年成立了西安交通大学研究生游泳协会,并举办了西安交通大学研究生游泳比赛,选拔出多名同学参加全国大学生阳光游泳比赛,并取得了良好的成绩,展现了交大研究生努力拼搏的精神风貌。随着西安交通大学研究生体美劳育人计划的开展,面向普通学生的游泳课程与课外锻炼迅速发展,有力地推动了西安交通大学研究生游泳运动的普及,引导学生积极参与游泳运动,并以"养成锻炼习惯、提升身体素质、塑造健全人格"为纲要,为学校建立了良好的运动氛围。

第一节 体美劳育人计划

一、体美劳研修计划的内容与方式

为进一步贯彻落实中共中央办公厅、国务院办公厅印发的《关于全面加强和改进新时代学校体育工作的意见》《关于全面加强和改进新时代学校美育工作的意见》和教育部印发的《大中小学劳动教育指导纲要(试行)》,根据《西安交通大学体育改革方案》《西安交通大学加强新时代美育工作实施方案》和《西安交通大学学生劳动教育实施方案》,西安交通大学研究生院发布《西安交通大学关于落实研究生体育、美育、劳动教育的若干举措(试行)》,以实现"三个引导"为基本目标,以坚持"三个立足"以及防止"三个倾向"为基本思路。在全日制硕士研究生和博士研究生培养方案中增设体育、美育、劳动教育三个培养环节,构建研究生体美劳育人体系。研究生在入学时依据体育、美育、劳动教育研修指南,结合个人兴趣爱好和培养计划,自主制订个人体育、美育、劳动教育研修计划。西安交通大学研究生研修内容包括理论教育、主题劳动、志愿服务、技能实践、特色课程、自主设置、劳动竞赛等模块。其中理论教育与主题劳动为必修项目,其他为选修项目。理论教育考核通过、主题劳动4个学期全部通过且选修完成6个学时及以上,方可获得劳动教育环节"通过"。硕士研究生一般应在入学后 5 个学期内完成，最晚于提交学位（毕业）申请前完成。

必修部分包括理论教育及主题劳动。理论教育需完成马克思主义劳动观和习近平同志关于劳动的系列重要论述的学习；主题劳动按照"日日清、周周扫、季季考"的原则，以营造文明、健康、整洁、优美的生活学习环境，创造安全、整洁、专业、职业的科研工作环境为目标，学校每学期将分别组织 2 次宿舍环境和实验室环境实地检查，每位同学均需参加主题劳动，且每学期需要各获得 2 次"通过"。

选修部分包括志愿服务、技能实践、特色活动及劳动竞赛。志愿服务依据"自愿、奉献、互助、多元"的精神，按照"重点在校园、影响在社会"的理念，将校内志愿服务与社会志愿服务相结合；技能实践按照"基础、实用、广泛、多样"的方向，提供校内劳动技能学习、实践和行为习惯养成的平台，以及乡村振兴和现代产业专项项目；特色活动遵从"全员参与、全员育人"的原则，各学院（部、中心）结合专业优势，开设特色活动（含课程），以丰富劳动形式、提升实践体验；自主设置按照"开放、主动、协作"的原则，各职能部门、学院（部、中心）、教师、研究生自主设计，后勤保障部审定通过后，方可自主实施校内劳动实践；劳动竞赛包括举办厨艺、维修等与劳动技能相关的竞赛，展示研究生学习成果和良好劳动面貌。

研究生可选择修课式学习或采集式学习两种方式之一进行美育研修，研修结束后经考查认定"通过"方可视为完成美育必修环节。硕士研究生一般应在入学后 5 个学期内完成，最晚于提交学位（毕业）申请前完成。

修课式学习是指学生根据个人兴趣和需求，从研究生美育类线下以及线上课程中任意选修。完成课程学习 32 学时，且考核成绩合格，即满足美育环节要求。

采集式学习指学生根据个人兴趣和需求，从艺术赏析、主题讲座、实践活动、专业竞赛、自主研修等采集式项目中任选一项或多项。参与时长达 32 学时且通过认定后即满足美育环节要求。艺术赏析指学生在线观看并记录过程，其中交大"大先生"系列话剧和西迁主题原创话剧《追忆西迁年华——向西而歌》为必选内容；主题讲座指邀请国内外艺术名家、知名专家进行美育主题系列讲座，学生须预先报名，完成现场签到后方可计入学时；实践活动重点围绕文艺表演、演讲辩论、读书分享、艺术鉴赏、社团训练等形式，依托校院各级组织开展美育"第二课堂"活动；专业竞赛指全日制研究生以个人或团队名义参与，根据参与时间、获奖等级认定美育采集学习学时，上限为 16 学时；自主研修指研究生根据兴趣爱好以及自身特长，自主设置研究计划和内容，在创作类、表演类、赏析类中选择一个类型开展自主研修，经学院组织专家认定可等同于若干学时的美育采集学习，上限为 16 学时。

二、体育研修计划

西安交通大学研究生体育研修计划要求学生通过体育课程、讲座报告、自主锻炼、社团服务、竞赛活动等研修项目完成体育研修环节。每学期体育研修取得 60 分及以上为阶段达标，研究生须至少完成 4 个学期的阶段达标，方可获得体育环节"通过"。硕士研究生一般应在入学后 5 个学期内完成，最晚于提交学位（毕业）申请前完成。

其中，体育课程拟开课的体育项目有：游泳、篮球、羽毛球、网球、武术（健身气功）、操舞类（健美操、体育舞蹈、形体舞蹈、瑜伽、爵士）和时尚民族传统体育（飞盘）。以上共计 7 个大类项目 11 项子课程，学校将根据师资、场地条件安排相应课程。为确保教学质量，体育课教学班级人数控制在 30 人以内，每学年 2 个学期，按照 16 学时分为 4 个时段。每学年计划开设 100 个体育课班级，覆盖约 3000 名学生。操舞类以及部分民族传统课程作为体美通选课开设。研究生可自主选择课程项目、任课教师、上课时间，完成 1 个子课程学习可获得 16 分。

讲座报告指积极开展"体育思政""体育健康大讲堂""冠军进校园""冰雪运动进校园"等特色鲜明专题讲座，形成阳光健康、拼搏向上的校园体育文化氛围，让体育文化成为校园文化的有机组成部分。在校期间参加一场体育讲座得 2 分，按学期累计，每学期上限 10 分。

自主锻炼包括 APP 跑步、锻炼过程积分及社团集训。APP 跑步按学期累计，单次跑步或走路时长不少于 30 分钟且至少达到 2.5 千米，或单次跑步距离不少于 3 千米为 1 次有效记录，每天有效记录限 1 次，得 1 分。锻炼过程积分指学生自主选择锻炼项目，采用运动场馆电子打卡等记录方式，单次锻炼时长不少于 30 分钟为 1 次有效记录，每天有效记录限 1 次，得 1 分。社团集训指通过平台报名参加校级体育类社团组织的集训活动，每次参加集训活动不少于 1.5 小时且满足要求可获得 2 分。

在各学院体育部任职的学生，由校团委、院团工委和研究生会考评并出具证明；各体育类学生社团核心成员，由校团委、体育中心考评并出具证明；任期原则上要求满 1 学期，若不满 1 学期根据工作表现酌情加分，但不得超过任期满 1 学期的学生的加分。具体评分标准为：学院体育部长，任期满 1 个学期，考核优、良、合格者，该学期分别计 35、30、25 分，不合格者不加分；体育类社团核心成员，任期满 1 个学期，考核优、良、合格者，该学期分别计 30、25、20 分，不合格者不加分；兼任多项职务者以最高分计不累加。同时，在校期间通过等级裁判考试，获得等级裁判证且任校内各级体育竞赛执裁者，按学期计，每执裁一单元得 3 分。

积极参加体育健康文化节、新生体育嘉年华、研究生体育健康活动月、"锐动交大"体育人物评选等非竞赛类主题活动,按学期累计,参加1次得3分。依据西安交通大学体育竞赛管理办法,参加并完成院级、校级体育竞赛,可按学期累计加分:参加并完成校级竞赛者1次可获得10分;参加并完成院级竞赛者1次可获得5分;竞赛完成分仅加一次;校级比赛名次加分,个人赛1~2名10分、3~4名5分、5~8名3分,团体赛一等奖10分、二等奖5分、三等奖3分,仅记一次最高分奖励,可与完成得分累计。

在西安交通大学研究生体美劳育人管理平台已开课的体育课程中选择游泳课程的计分规则如下:完成1个子课程的学习,可获得16分。通过平台报名参加游泳协会的社团集训活动,每次参加集训活动不少于1.5小时且满足要求可获得2分。在游泳协会任职的核心成员,任期满1个学期,由校团委、体育中心考评并出具证明,考核优、良、合格者,该学期计30、25、20分。研究生在校期间,积极学习裁判相关知识,通过等级裁判考试,获得等级裁判证且任校内各级体育竞赛执裁者,按学期计,每执裁一单元得3分。研究生游泳比赛是泳协承办的面向全校的校级体育比赛,由体育中心和校团委主办,每年举行2次,分别为11月(研究生健身活动月)举办的"冬季游泳耐力赛"和6月举办的"游泳锦标赛"。参加并完成比赛者,可获得10分;个人赛中第1~2名额外加10分、第3~4名加5分、第5~8名加3分;团体赛一等奖加10分、二等奖加5分、三等奖加3分。

第二节 游泳协会历史沿革和现状

一、发展历程和活动创办

西安交通大学研究生游泳协会于2021年9月在西安交通大学创新港校区成立。创新港是西安交通大学研究生的主要科研基地,目前已有3万名研究生以及科技人才,创新港校区有面向学生开放的校内游泳馆,内部配备50米标准竞赛泳池。优质的场地和庞大的群众基础为研究生泳协的创办提供了基础条件。社团的宗旨是遵守国家法律,遵守校纪校规,维护学校荣誉;团结和组织全校研究生中游泳运动的工作者和爱好者,普及和发展全校的游泳运动,丰富全校师生课余生活;为实施全民健身计划,促进全校物质文明和精神文明建设,助力"双一流"学校建设服务,为省级和国家级大学生组阳光游泳锦标赛储备人才,

在体育中心老师的支持下,游泳协会最初由校游泳队队员组织建立,并以此为基础开始在创新港校区吸纳高水平游泳爱好者。泳协成立后,立刻吸引了大量同学

参加，经过首轮选拔测试，吸纳了约 30 名成员，以这些成员为基础，泳协开始定期组织测试，不断吸纳新成员，并开始组织每周的日常训练。2022 年 5 月，研究生泳协在创新港校区举办了第一届校级室内游泳比赛，该比赛男女各设立 4 项，接力 1 项，共 183 人次参加，是创新港校区的首次游泳比赛，也是首次针对研究生的游泳比赛。

2022 年 11 月举办了"第 37 届健身活动月—创新港冬季游泳耐力赛"，该比赛男女各设立 1 项，接力 1 项，共 221 人次参加。至此，确立了研究生游泳比赛"一年两赛，冬季长距离，夏季短距离"的基本模式。

为了积极响应体美劳育人计划，给全校研究生提供游泳锻炼的平台，泳协于 2022 年 9 月开始，开展每周 2 次为期 1 学期的社团集训活动。目的是为有一定游泳基础，但水平尚且达不到泳协标准，并且有意提高自身游泳水平的学生提供自主锻炼、提高水平的机会。社团集训由泳协成员负责，在保证活动安全进行的同时，为参与活动的学生提供指导。

二、竞赛成绩

在 2023 年举办的第 4 届中国大学生阳光体育游泳锦标赛中，泳协成员在男子 100 米蛙泳、男子 200 米蛙泳、男子 100 米蝶泳、男子 200 米个人混合泳中分别取得了第 3 名、第 7 名、第 7 名、第 7 名的好成绩，向全国人民展现了交大学子良好的体育水平和精神面貌。

在 2022 年至 2023 年举办的校级游泳比赛中，各项目取得前 3 名的参赛选手中，有 83% 为泳协成员。在比赛中取得成绩的同时，泳协成员不断增强自身竞技水平，屡次在校级游泳比赛中刷新学校纪录。

三、发展现状

截至 2024 年 2 月，泳协历史总人数已超过 50 人，在校成员 32 人，其中，达到国家一级运动员标准的有 4 人、二级运动员 3 人、三级运动员 16 人，拥有国家级救生员资质的有 2 人，配备有来自体育中心的 3 位指导老师，其中 1 位为国家级裁判，2 位为国家级运动员。

研究生游泳协会设置会长 1 人，负责把控泳协各方面工作，决策重大事务，对接上级领导老师，服务于泳协，引导泳协"办好活动，练好人才"。会长下设 3 个部门（图 2-1）：

1. 训练部

训练部的主要工作是安排和带领日常训练，根据协会成员训练水平高低划分训练层次，给出适合的训练计划。训练部由竞赛成绩较为突出的成员负责。

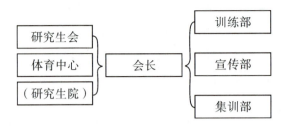

图 2-1 研究生游泳协会组织结构

2. 宣传部

宣传部主要负责每年 2 次的游泳比赛的宣传、摄影、文书等工作,包括比赛宣传文稿的编写、比赛报名问卷的制作、比赛秩序册和计时卡的制作和比赛现场的摄影工作等。

3. 集训部

集训部主管社团集训活动,负责集训活动的报名、资格测试、考勤管理和活动指导等工作。

第三节 主要活动介绍

一、日常训练

日常训练是泳协最主要的活动,是提高泳协成员技术水平、保证日常锻炼的基础。每学期初,泳协会向学校相关部门申请训练场地和使用时间,在规定的训练时间内,泳协成员可免门票进入游泳馆训练。

日常训练一般分为集中训练和自由训练,每周 3~4 次,其中有 1 次为集中训练,其余为自由训练。集中训练由教练或会长下发训练计划,成员根据水平高低划分成不同层次的小组,由高水平成员带领,所有成员共同完成相同的训练计划,集中训练通常具有一定强度,安排在周末,教练会在集中训练时对成员的技术动作进行规范性指导。

除此之外,周内还会安排自由训练。自由训练由泳协成员自行安排,可以根据自身技术水平和身体情况对训练计划进行调整。比如,某位成员的蝶泳技术较差,自由训练时可以安排更多的蝶泳训练。自由训练的强度小于集中训练,但通常训练总量有严格的要求,如男子训练量为 2000 米以上,女子为 1500 米以上。

二、社团集训

社团集训活动面向全校研究生，是研究生体美劳育人计划中体育环节的一部分。报名社团集训活动的同学首次集训时需经考核，通过者方可参加集训。考核标准为 50 米蛙泳，能游完全程者视作考核通过。按照《研究生体育研修指南》，每次参加社团集训可获得体育模块 2 分。

社团集训在研究生体美劳平台报名，一般在每学期第 4 周左右开启报名通道，届时体美劳平台上会发送报名通知，报名界面中有相关要求。活动报名采用随机抽签的形式，若报名人数超过人数限制，报名结束后由系统自动抽签，报名同学可以在报名平台查看自己的报名状态。

三、研究生游泳比赛

1. 比赛简介

研究生游泳比赛是泳协承办的面向全校的校级体育比赛，主要参与者是全体研究生和在创新港校区就读的本科生，由体育中心和校团委主办，每年举行 2 次，分别在 11 月（研究生健身活动月）和 6 月。经过前期不断摸索，最终形成了"冬季长距离，夏季短距离"的比赛模式。冬季学期举办"冬季游泳耐力赛"，主要项目有 100 米蛙泳、100 米自由泳、200 米自由泳和 4×100 米男女混合自由泳接力；夏季学期举办"游泳锦标赛"，主要项目有 50 米蛙泳、50 米仰泳、50 米蝶泳、50 米自由泳和 4×100 米男女混合自由泳接力。研究生游泳比赛设置的比赛项目基本涵盖了个人单项 200 米以内各种泳姿的项目，再加上混合接力项目，使更多的学生可以参与到比赛中，体会竞技和团队合作的乐趣。

2. 报名渠道

游泳比赛的报名通知会公布于相关微信公众号，凡是满足报名条件的学生均可报名，一般采取网络问卷的方式报名。

3. 奖励措施

研究生游泳比赛面向全体研究生和小部分本科生，主要奖励措施如下：

对于研究生：参与比赛并按照规则完成比赛者，可获得体美劳平台 10 分加分；在比赛中取得前 8 名的学生，按照《研究生体育研修指南》，额外奖励对应分数。

对于本科生：参与比赛可抵 2 次 B 类活动。

其他奖励以当届比赛前泳协公布的奖励办法为准。

第四节　如何加入泳协

一、招新方法

为保持社团稳定发展，游泳协每学期都会面向全体研究生和在创新港校区就读的本科生开展招新活动，吸纳具有良好基础的同学。

协会招新分为测试招新、比赛招新和邀请招新 3 种形式，具体执行方法如下：

1. 测试招新

测试招新是泳协招新的最主要形式。泳协将于每学期初发布测试通知，报名者加入招新群并填写相关信息后即可参加招新测试。招新测试通常在每学期初安排 2 次，报名者在任意 1 次测试中达到协会公布的当前招新标准即可加入泳协。

2. 比赛招新

比赛招新是泳协招新的补充形式。泳协在每学期末会组织研究生游泳比赛，在比赛中达到协会公布的当前招新标准后，可以通过赛后报名的方式加入泳协。

3. 邀请招新

邀请招新是泳协招新的一种特殊形式，主要面向有突出游泳能力的同学。在泳协承办的研究生游泳比赛中，如果有同学的比赛成绩达到国家二级运动员或以上标准，协会将主动邀请其加入泳协。

每学期泳协成员名单将在当前学期测试招新工作完成后提交给体育中心及校游泳馆，新名单提交后当前学期内将不再新增成员。

二、测试标准

根据测试项目和参加测试者水平的不同，泳协设置了 3 种不同的招新标准，报名者达到其中 1 种即可加入泳协。

（1）200 米自由泳测试成绩达到协会公布的招新标准；

（2）任一游泳项目成绩达到国家三级运动员标准且 200 米自由泳测试成绩慢于协会公布的招新标准 20 秒及以内；

（3）持有游泳项目国家二级运动员及以上证件，并在测试或比赛中任一项目达到三级运动员及以上标准。

考虑到协会内成员水平的变动情况，泳协将在每学期末对招新标准进行动态调整，调整后的标准将在新学期发布招新公告时一并发出，此处列出 2023—2024 学年第 2 学期的招新标准作为参考：男子在 3 分 30 秒以内；女子在 4 分 30 秒以内。

第五节　泳协管理制度

为督促社团成员积极参与社团组织的集体训练活动，服从学校管理，协会设置如下的管理制度：

（1）协会在每学期初安排 2 次集中测试，协会成员应当参加至少 1 次测试以便协会获悉其运动水平，无故缺勤 2 次测试者将被取消协会成员身份；

（2）协会成员应当积极参加协会组织的训练活动，无特殊原因，一般出勤率不应低于 60%。出勤率过低者将被取消协会成员身份；

（3）所有协会成员应当在每学期集中测试时至少达到当前学期招新标准，或任一项目达到国家三级运动员标准，测试成绩过差者将被取消协会成员身份；

（4）协会成员在训练活动中应当服从协会管理，保质保量完成训练计划。屡次不服从管理，在泳池中进行其他与训练无关活动者，将被取消协会成员身份；

（5）社团成员应当服从学校游泳馆的规章制度，若存在任何违规行为，一经查明将立刻取消协会成员身份。

第三章

游泳运动概述

第三章 游泳运动概述

游泳运动是唯一一项适合从刚出生的婴儿到花甲老人进行的运动项目,是一项真正意义上的男女老少均可以终身进行的运动项目。游泳运动不仅有着与其他运动项目相同的地方,比如强身健体、愉悦身心、陶冶情操,培养顽强拼搏、勇于克服困难等优良品质;还有着独特的地方,比如经常游泳能有效地促进身体全面、匀称、协调地发展,能使肌肉发达富有弹性,肌肤光洁,精神振奋,心肺功能明显提高。在人体健康、生产劳动及军事训练等多个方面,游泳都有着非常重要的意义。

第一节 游泳锻炼的意义与价值

游泳锻炼具有重要意义与价值。游泳是一种凭借自身肢体动作和水的相互作用力,在水中活动或游进的技能活动。人类游泳是一种有意识的活动,随着社会的发展和人类对游泳的需求,游泳的意义体现在人类所赋予游泳的各种作用和功能中。其中最重要的是,游泳作为一种非常必要的生存技能,对保障人类生命安全有着极其重要的意义。

科学合理地进行游泳锻炼,能够有效改善体质,促进身心健康,预防疾病,甚至对一些慢性疾病或骨伤有一定的康复作用。儿童青少年进行系统游泳训练,能够锻炼其意志品质,提高克服困难的勇气和能力。游泳不仅是休闲娱乐的一种途径,还是生产实践和国防建设的一项重要技能,同时也是奥运争光计划的重要内容。游泳项目在奥运会中金牌数量多,运动员成绩优异、为国争光,不仅能激发国人的爱国热情,还可以对青少年起到激励作用。游泳锻炼对身体的重要意义与价值主要表现在以下几个方面。

一、促进心血管系统健康

游泳对心血管系统的改善有相当重要的作用。冷水的刺激能通过热量调节作用与新陈代谢促进血液循环;此外游泳时水的压力和阻力还对心脏和血液的循环起着特殊的作用。在水中游泳时,身体所承受的水压达到 $0.02\sim0.05$ 千克/厘米^2,潜水时随着深度的加大和游泳速度的加快,身体承受的水压也会增加,从而使得心房和心室的肌肉组织得到锻炼,心室的容量也能逐渐增加,心脏的跳动次数减少,安静时心脏的活动就会出现节省化,整个血液循环系统的功能因此得到改善,减少了心血管疾病的发生。

由于游泳时人体所有的肌肉群都参加活动，需要血液把氧气和营养物质不断地输送给各肌肉群，这就加重了心脏的负担，使之锻炼得更加有力，促使血管壁增厚，弹性加大，从而使心血管的机能得到加强。所以游泳运动员平时的心脏跳动比一般人慢而有力，大约每分钟40～60次，个别人甚至更少。另外，冷热温度的交替变化会刺激神经系统和大脑不断地进行工作，使神经系统和大脑都得到锻炼，从而达到了防止脑细胞衰老和死亡的效果。

二、增强呼吸系统功能

在常温常压下，水的密度远大于空气的密度，身体在水中受到的压力要远远大于空气中的，因此胸腔和腹腔在水中受到的压力会增大，迫使人体的呼吸肌群用更大的力量进行呼吸。故而，经常游泳可以增大呼吸肌的力量，提高呼吸系统的机能。游泳运动员的肺活量可以达到4000～6000毫升，甚至7000毫升以上，而一般人只有3000～4000毫升。心血管系统包括心脏和肺负责将吸入的氧运送到肌细胞的血管。由于游泳时要克服水的阻力，需要动用较多的能量，因此长期坚持游泳锻炼，心脏体积会呈运动性增大，心肌收缩更有力，心率减慢，每搏输出量增加，血管壁增厚，弹性加大，使心血管系统的效率提高。此外，游泳时人体处于平卧姿势，下肢的血液向心脏的回流比较容易，使得游泳时不容易因运动过于激烈而发生意外。

在游泳练习时，身体新陈代谢过程和心血管系统工作的节省化，都离不开大量的供氧，然而水压迫着胸腔和腹部，给吸气增加了困难。游泳时人的胸廓要承受的压力较大，那么要想使身体获得足够的氧气，呼吸肌就必须不断地克服这种压力。另外，游泳时呼气一般都是在水中完成的，而水的密度要比空气的密度大得多，因此呼气时就必须克服更大的阻力，这样不管是吸气还是呼气都需要增加呼吸肌的收缩力，从而增强了呼吸系统的功能，使肺活量增大。

三、增进人体新陈代谢

游泳是在水这样一种特殊的环境里进行的，人在水里运动比在陆地运动消耗的热量大得多，这就必须尽快补充所散发的热量，以抵抗冷水刺激，从而促进了体内新陈代谢的速度，使体温调节机能得到改善，以适应外界气温变化的需要。经常游泳锻炼的人，抗寒能力强，减少了感冒的发生。因此游泳有助于提高人体的适应能力。

四、改善皮肤质量

在游泳过程中，由于水温的刺激，机体为了保证足够的温度，皮肤血管被充分调动起来。冷水的刺激能使皮肤血管收缩，以防热量扩散到体外。同时身体又加紧产生热量，使皮肤血管扩张，增加皮肤血管的供血能力，这样的长期锻炼能加强皮肤的血液循环功能。另外，水是十分柔软的液体，而水波浪不断对人体表皮进行摩擦，从而使皮肤得到更好的放松和休息，增强弹性。所以经常游泳的人，皮肤光洁、柔软。同时，游泳时水流对身体的影响起到了塑身和健美的效果。

五、提高生活质量

随着社会的发展，越来越多的人选择健康的生活方式，也有越来越多的人选择了游泳这项有氧运动，其原因有两方面。一方面，游泳时水的阻力使游泳的动作不会很激烈，不会造成身体上的伤害，因而游泳时是相对安全的。另一方面，游泳时水的浮力将人体托起，人可以从容地享受浮力的感觉，从而缓解了紧张的学习、工作和生活给人们带来的巨大压力和紧张情绪，使人的生活质量得到了提高。

六、保障生命安全

人类生活的地球上大约有 3/4 的面积被水域覆盖，即使生活在内陆，也难免会遇到洪水，当遭遇洪水时，只要学会游泳，就有生存的希望，因此游泳是生存的重要手段之一。世界上有许多国家的教育部门将游泳列为中小学生的必修课程，要求学生从小就掌握游泳技能。我国也有越来越多的教育机构、培训场所加大了游泳技能培训的力度，力争让更多人掌握游泳技能。

七、增强肌肉系统机能，塑造健美形体

游泳是一项全身参与的运动，游泳时需要动用全身的肌肉群参与代谢供能。长期游泳能使肌肉的力量、速度、耐力和关节的灵活性都得到提高。游泳还可以改善身体的柔韧性。游泳时身体活动的范围较大，定期进行游泳可以使关节和肌肉更加灵活和柔软。游泳时通常不会爆发式用力，因此不会使肌肉非常粗壮，但能够使肌肉充满弹性和柔韧性，塑造健美的身材。游泳运动员一般都有修长的身材、宽宽的肩膀、灵活的腰肢、匀称的体型。

八、促进身心健康

游泳是最受欢迎的健身运动项目之一。适当地进行游泳锻炼，能够提高身体各个系统的机能，改善体质水平，培养乐观向上，坚忍不拔的性格，增进心理健康。而且，游泳不容易造成急性运动伤害和肌肉劳损，是一项可以终身受益的健身运动。

九、其他意义

众所周知，我们生活在一个水域纵横的球体上，因此在生活中就难免要和水打

交道。游泳不只是一项体育项目，它还是生活中的重要技能。它渗透到我们生活中的很多领域，如水上资源开发、科学考察、防洪抢险、救护打捞等。这些都必须有熟练的游泳技术作为后盾。

第二节　游泳的分类

世界游泳联合会（简称世界泳联）管理着5个运动项目在全世界范围内的开展，分别是游泳、跳水、水球、花样游泳和公开水域游泳。这些项目都有各自的训练、比赛和理论体系。本教材主要介绍的是游泳项目的技术、教学、竞赛规则等内容，在本章中将对一些与游泳有关的竞赛或健身项目，包括水球、跳水、公开水域游泳等做简要介绍，作为拓展阅读的内容。

依游泳的目的和功能，可以把游泳分为竞技游泳、实用游泳、大众游泳三类（表3-1）。

表3-1　游泳分类

分类	项目	说明
竞技游泳	游泳池比赛	包含不同距离的蝶泳、仰泳、蛙泳、自由泳、个人混合泳、混合泳接力和自由泳接力等小项。奥运会中有32个小项，世界游泳锦标赛有40个小项
	公开水域比赛项目	奥运会中有马拉松游泳（10公里）比赛项目，世界游泳锦标赛中有5公里、10公里和25公里等多个比赛项目
大众游泳	健身游泳、康复游泳、水中健身、冬泳	通常指以健身、休闲娱乐和康复为主要目的的水中锻炼形式，锻炼者以民间团体或个人自发的形式参加锻炼，或参加相应的比赛
实用游泳	水上救生、着装泅渡、蛙人	救生员是人力资源和社会保障部规定的一种职业，有相应的职业资格鉴定标准。着装泅渡主要用于军队实战作业。蛙人主要用于水中探险、水中作业或搜救

一、竞技游泳

竞技游泳是指按照一定的规则和要求以竞速为目的进行的游泳活动。竞技游泳有四种基本姿势，即蝶泳、仰泳、蛙泳和自由泳。由这四种姿势通过距离、组合方式的改变形成了不同的比赛项目。

竞技游泳比赛有的在标准游泳池进行，有的在公开水域进行。2008年北京奥运会增加了男女公开水域马拉松游泳比赛，使现代奥运会的游泳比赛增加到了34个正式比赛项目（表3-2）。

表3-2 2008、2012年奥运会游泳比赛项目表

项目	男子	女子
蝶泳	100米、200米	100米、200米
仰泳	100米、200米	100米、200米
蛙泳	100米、200米	100米、200米
自由泳	50米、100米、200米、400米、1500米	50米、100米、200米、400米、800米
个人混合泳	200米、400米	200米、400米
混合泳接力	4×100米	4×100米
自由泳接力	4×100米、4×200米	4×100米、4×200米
公开水域马拉松游泳	10000米	10000米

世界游泳锦标赛分长池和短池两种，分别每2年举行1届。长池世界游泳锦标赛游泳池共40个比赛项目，公开水域共6个项目。短池世界游泳锦标赛只有游泳池项目。

奥运会、世界锦标赛、全国运动会、全国游泳锦标赛等赛事的参加者都是经过长期系统训练的优秀运动员。运动员水平高、赛事规模大，代表着全世界全中国最高游泳竞技水平。

但除此之外，还有很多游泳比赛，例如行业性赛事、学校运动会、业余年龄组运动员参加的比赛。这些比赛可以在上面项目的基础上，根据比赛的目的和参加者的具体情况设置不同的比赛项目，以及一些趣味性的比赛项目。

二、大众游泳

大众游泳与竞技游泳不同，是以健身和娱乐为主要目的的游泳活动。其形式简便、多样，不以速度为唯一目的，目前已经受到了广泛的欢迎。特别是在全民健身计划开展以来，国家体育总局游泳运动管理中心为了更好地调动大众参加游泳健身活动的积极性，促进游泳运动的普及，制定了《全国业余游泳锻炼标准》，并于2011年8月8日颁布，全国多省市游泳场馆开展了达标赛事，受到了广大民众的欢迎。游泳爱好者可以根据自己的水平参加达标比赛，申请一定的等级（表3-3）。

表 3－3　全国业余游泳锻炼标准

分组	等级	项目	时间
小学生 6～12 岁	一级金海豚	50 米自由泳	1 分 30 秒
		50 米蛙泳	1 分 40 秒
		50 米仰泳	1 分 40 秒
		50 米蝶泳	1 分 35 秒
	二级银海豚	50 米自由泳	1 分 50 秒
		50 米蛙泳	2 分
		50 米仰泳	2 分
	三级粉海豚	50 米自由泳	2 分 10 秒
		50 米蛙泳	2 分 20 秒
		50 米仰泳	2 分 20 秒
	四级绿海豚	不限泳姿连续游 50 米	
	五级蓝海豚	不限泳姿连续游 25 米	
中学生 13～18 岁	一级金海豚	50 米自由泳	1 分 05 秒
		50 米蛙泳	1 分 20 秒
		50 米仰泳	1 分 20 秒
		50 米蝶泳	1 分 18 秒
		200 米混合泳	4 分 40 秒
	二级银海豚	50 米自由泳	1 分 15 秒
		50 米蛙泳	1 分 30 秒
		50 米仰泳	1 分 30 秒
	三级粉海豚	50 米自由泳	1 分 30 秒
		50 米蛙泳	1 分 40 秒
		50 米仰泳	1 分 40 秒
	四级绿海豚	不限泳姿连续游 100 米	
	五级蓝海豚	不限泳姿连续游 50 米	

续表

分组	等级	项目	时间
成人女子	一级金海豚	50米自由泳	55秒
		100米自由泳	2分15秒
		50米蛙泳	1分10秒
		100米蛙泳	2分30秒
		50米仰泳	1分10秒
		100米仰泳	2分30秒
		50米蝶泳	1分08秒
		100米蝶泳	2分25秒
		200米混合泳	4分35秒
	二级银海豚	50米自由泳	1分05秒
		100米自由泳	2分25秒
		50米蛙泳	1分20秒
		100米蛙泳	2分50秒
		50米仰泳	1分20秒
		100米仰泳	2分48秒
	三级粉海豚	50米自由泳	1分20秒
		100米自由泳	2分55秒
		50米蛙泳	1分30秒
		100米蛙泳	3分20秒
		50米仰泳	1分30秒
		100米仰泳	3分15秒
	四级绿海豚	50米自由泳	1分30秒
		100米自由泳	3分20秒
		50米蛙泳	1分40秒
		100米蛙泳	3分40秒
		50米仰泳	1分40秒
		100米仰泳	3分35秒
	五级蓝海豚	不限泳姿在2分30秒内连续游50米	

续表

分组	等级	项目	时间
成人男子	一级金海豚	50 米自由泳	40 秒
		100 米自由泳	1 分 40 秒
		50 米蛙泳	50 秒
		100 米蛙泳	1 分 50 秒
		50 米仰泳	50 秒
		100 米仰泳	1 分 50 秒
		50 米蝶泳	50 秒
		100 米蝶泳	1 分 50 秒
		200 米混合泳	4 分 20 秒
	二级银海豚	50 米自由泳	55 秒
		100 米自由泳	1 分 58 秒
		50 米蛙泳	58 秒
		100 米蛙泳	2 分 05 秒
		50 米仰泳	58 秒
		100 米仰泳	2 分 02 秒
	三级粉海豚	50 米自由泳	1 分 05 秒
		100 米自由泳	2 分 20 秒
		50 米蛙泳	1 分 10 秒
		100 米蛙泳	2 分 26 秒
		50 米仰泳	1 分 10 秒
		100 米仰泳	2 分 25 秒
	四级绿海豚	50 米自由泳	1 分 20 秒
		100 米自由泳	2 分 50 秒
		50 米蛙泳	1 分 30 秒
		100 米蛙泳	2 分 58 秒
		50 米仰泳	1 分 30 秒
		100 米仰泳	2 分 55 秒
	五级蓝海豚	不限泳姿在 2 分 30 秒内连续游 50 米	

游泳是一种适合所有年龄人群参加的健身活动，近年来全国各省市体育部门举办了多种形式的游泳健身赛事，例如成人分龄游泳赛，比赛按年龄分组，适合 25 岁以上成年业余游泳爱好者参加，2012 年，千余名游泳爱好者参加了此类比赛。

此外，还有全国成人公开水域比赛、厦（门）金（门）海峡横渡活动、青海国际抢渡黄河极限挑战赛等多项公开水域游泳赛事可供成人游泳爱好者参加。

冬泳在我国也是一项受健身爱好者欢迎的运动项目。中国游泳协会冬泳委员会下辖几十个地方协会，每年组织多项丰富多彩的活动，如全国冬泳锦标赛、青海国际抢渡黄河极限挑战赛等。

水中健身也是一种健身锻炼活动，包括水中健身操、水中游戏、水中康复、水中体能训练等多种形式。目前在北京体育大学、天津体育学院、成都体育学院等多所体育院校开设了水中健身课程，许多健身俱乐部也开设了这项活动。2007年起，国家体育总局开始组织全国水中健身操比赛，到2012年已经举办了4届，比赛设院校组和成人组，包含规定动作、徒手自选、器械自选和展示等多个项目。

健身游泳、娱乐游泳、康复游泳、水中健身、冬泳等都属于大众游泳的范畴。

三、实用游泳

在军事、生产、生活服务等方面具有实用价值的游泳活动，就是实用游泳。

实用游泳随着人类生存、生活和劳动中各种实际需求而产生，是人类生存的基本技能之一。依据不同需求而形成的实用游泳技术主要有爬泳（自由泳）、蛙泳、反蛙泳、侧泳、潜泳、踩水（立泳）等。以上述技术为基础，形成了水上救生、武装泅渡等实用技能。其中水上救生也是一种非常重要的技能，在拯救生命和处理意外事件中发挥着重要作用。

第三节 游泳运动管理机构

游泳赛事和游泳活动的开展，在世界范围内的管理机构是世界游泳联合会，简称世界泳联。中国游泳协会是世界泳联的会员单位，也是在中国管理游泳运动的组织。

一、世界游泳联合会

国际游泳联合会于1908年由比利时、丹麦、芬兰、法国、德国、英国、匈牙利和瑞典等国倡议成立。2023年1月正式更名为世界游泳联合会，简称世界泳联。世界泳联是国际单项体育联合会总会成员，正式用语为英语和法语，工作用语为英语。从1896年第1届奥运会起，游泳就是奥运会的竞赛项目。世界泳联的任务是确定奥运会和其他国际比赛中游泳、跳水、水球和花样游泳的规则，审核和确认世界纪录，指导奥运会中的游泳比赛。世界泳联总部设在瑞士的洛桑。

世界泳联的组织体系由代表大会、执行局、技术委员会、常设委员会、专门委员会和仲裁法庭组成。代表大会听取执行局的报告、司库的报告，修订章程与规则、选举执行局及其官员。

游泳、跳水、水球、花样游泳、公开水域游泳分别有各自的技术委员会，有权对一切有关游泳、跳水、水球、花样游泳、公开水域游泳竞赛的技术问题做出决定，有权决定世界泳联的技术规则。

执行局由世界泳联主席、副主席、秘书、司库和若干委员组成，每4年选举1次。

世界泳联负责主办的赛事除了奥运会游泳比赛外，还有世界游泳锦标赛（1973年始）和世界杯游泳赛（1979年始）等。

二、中国游泳协会

中国游泳协会是中国游泳运动的全国性群众组织，是中华全国体育总会领导下的单项运动协会之一。中国游泳协会管理游泳、跳水、水球、花样游泳等奥运会项目在中国的开展，并且是世界泳联的会员单位。下设教练、科研、裁判、少儿训练指导、长距离游泳、老年人游泳、冬泳和救生等专项委员会，分别负责竞赛、裁判、组织和技术、训练、科研等具体工作。

中国游泳协会是具有独立法人资格的，由各省、自治区、直辖市游泳协会，解放军相应的体育组织及有关体育组织为团体会员和个人会员组成的全国性、非营利性的群众体育组织；是中华全国体育总会的团体会员；是中国奥林匹克委员会承认的全国性运动协会；是代表中国参加世界游泳联合会、亚洲游泳联合会的唯一合法组织。

中国游泳协会的主要任务是：根据国家法律法规、体育方针和政策，以及世界游联的有关规定，统一管理、组织、指导全国游泳运动的开展；积极有效地推动项目的普及和运动技术水平的提高；扩大国际交流与合作，促进运动项目的社会化、产业化发展。

中国游泳协会的主要职责包括根据国家体育行政主管部门要求和世界游泳运动的发展现状，全面负责本项目的业务管理，研究和制定全国游泳运动的发展规划、计划和方针政策；负责和指导游泳运动的普及工作；负责和指导本项目优秀运动队建设和人才的培养，管理本项目的国家队；研究、制定并组织实施本项目的全国性或国际性竞赛制度、计划、规则和裁判法，负责本项目全国竞赛的管理，制定竞赛规程，审定运动成绩；组织、指导本项目的科学技术研究、科技服务和业务培训工作，组织和开展宣传工作，出版刊物；开展国际交往和技术交流，提出本项目的国际活动计划，负责组织参加世界竞赛的队伍和集训，负责和指导在我国举办的国际比赛的审批和有关组织工作；负责与本项目有关的市场管理和开发工作，开展有关的经营和服务活动，积累事业发展资金，增强自我发展的活力和能力；参加世界泳联、亚泳联组织的有关活动；接受政府主管部门、世界泳联和亚泳联的委托开展有关工作。

第四节　竞赛组织与裁判员

一、竞赛组织

（1）游泳竞赛大会成立组织委员会或竞赛委员会，根据大会的精神和要求，全面负责大会的各项工作，同时指定总裁判，委派裁判员和工作人员，以保证竞赛规程、规则在竞赛中得以顺利执行。

（2）全国和省、市级的游泳比赛，裁判人员配置如下：总裁判1人，副总裁判1~3人；技术检查员4人；发令员2~3人；转身检查长2人（终点端和转身端各1人）；转身检查员每条泳道两端各1人；编排记录长1~2人，编排记录员6~10人；检录长1~2人，检录员5~8人；宣告员1~2人；司线员1~2人；自动计时长1人，自动计时员1~2人。在未使用自动计时装置而由人工计时替代时，应配备计时长1~3人，计时员每条泳道3人（其中1人由终点端转身检查员兼任）。在采用自动计时装置而未使用录像计时系统时，须使用半自动计时装置或人工计时作替补，并配备相应数量计时员。当未采用自动计时装置且每条泳道未配备3块秒表人工计时时，必须配备终点裁判长1~2人，终点裁判员6~9人。当未采用自动计时装置，而每条泳道配备3块秒表人工计时时，根据实际情况，可增设终点裁判。基层比赛的裁判员人数可根据比赛的具体条件安排。

二、裁判员职责

1. 总裁判职责

（1）总裁判在大会领导下负责全面领导和分配全体裁判员的工作，并明确各裁判员的职责和任务。

（2）严格执行竞赛规则和大会竞赛规程，解决比赛中的有关问题，并可决定规则中未详尽或没有明文规定的问题，但不能修改规则和规程。

（3）总裁判可随时干预比赛，以保证规则和规程得以执行，有权裁定有关比赛进行时的各种异议。

（4）当终点裁判员所判定的名次与计时员计取的成绩不一致时，总裁判有权决定名次。如果采用自动计时装置时总裁判应参照本节中关于计时的规定裁决。

（5）总裁判为保证竞赛顺利进行，在必要时有权撤换不称职的裁判员。

（6）根据本人的观察或其他裁判员的报告，有权取消犯规运动员的比赛资格或录取资格。

（7）应于比赛前检查场地、器材是否符合规则的规定。

（8）在每项、每组比赛开始时，总裁判应用连续短促的哨声示意运动员脱外衣，然后用长哨声示意运动员站到各自的出发台上（仰泳项目和混合泳接力项目的运动员应立即下水，在总裁判发出第二声长哨时，应迅速在池端做好出发准备）。当所有运动员和裁判员都做好出发准备时，总裁判用向外伸展手臂动作通知发令员，以示所有运动员已准备完毕，等待发令。发令结束后总裁判再收回手势。

（9）各项、各组的比赛成绩须经总裁判签名，交宣告员或记录员公布。

（10）副总裁判协助总裁判工作。

2. 技术检查员职责

（1）技术检查员位于游泳池两侧，在总裁判直接领导下进行工作。

（2）技术检查员负责检查运动员在游进中的泳式和动作是否符合规则，协助两端转身检查员检查运员转身、到达终点和接力交接棒的动作是否符合规则。

（3）技术检查员如发现运动员犯规，应及时报告并填写检查表交总裁判。

3. 发令员职责

（1）发令员应站在游泳池的侧面，在离出发池端5米以内处发令。发令时能使运动员和计时员听到或看到发令信号。

（2）发令员有权管理从总裁判发出手势信号后至比赛开始的运动员。发令程序见总裁判职责的相关规定。

（3）发令员有权判定运动员出发时是否犯规，如取消运动员比赛资格或录取资格，须经总裁判同意。

（4）当发现运动员延误比赛或蓄意不服从命令或在出发时有任何犯规行为时，发令员应向总裁判报告。总裁判有权取消运动员的比赛资格。

4. 转身检查长职责

（1）转身检查长（终点端和转身端各一人）负责领导和分配本端转身检查员的工作，确保每位转身检查员工作职责的完成。

（2）如发现运动员犯规，转身检查长应审核转身检查员交来的检查表，签名后及时上交总裁判。

5. 转身检查员职责

（1）转身检查员位于每条泳道两端。

（2）转身检查员负责检查运动员从触壁前最后一次手臂动作开始至转身后第一次手臂动作结束的整个转身动作是否符合规则。

（3）出发一端的转身检查员还要负责检查运动员从出发至出发入水后第一次划水结束的动作是否符合规则。在接力项目比赛中须检查出发运动员是否在前一名运动员触及池壁后离开出发台。

（4）转身一端的转身检查员在 800 米和 1500 米个人项目中还要负责记录该泳道运动员完成的趟数，并用报趟牌向运动员显示所剩的趟数。

（5）终点一端的转身检查员还要负责检查运动员到达终点的动作是否符合规则并兼作计时员；在 800 米和 1500 米的个人项目中，运动员到达终点前 10 米（25 米泳池为 5 米）时，应用铃声或哨声向运动员发出信号，直至运动员转身后到达离岸 5 米处。

（6）转身检查员在发现运动员犯规后，应及时报告并填写检查表交转身检查长。

6. 自动计时长及自动计时员职责

（1）自动计时长负责领导和分配自动计时员的工作。包括赛前检查和调试自动计时设备，赛时负责监督自动计时装置的运行情况，收集和处理自动计时的成绩卡片，签名后及时送交总裁判。

（2）自动计时员负责安装、调试全部的自动计时设备，比赛时负责操作主机及有关设备，及时向自动计时长提交自动计时的成绩卡片。

（3）在某项、某组比赛结束后，如发现自动计时装置失灵时，应及时报告总裁判，并参照本章第五节比赛规则中关于计时的规定进行处理。

7. 计时长及计时员职责

（1）计时长负责领导和分配计时员的工作。副计时长协助计时长工作。

（2）计时长应于比赛前检查计时表是否准确可用。

（3）计时长和计时员在发令员发出"出发信号"后立即按动计时表，在运动员抵达终点后立即按停计时表。

（4）计时长在每组比赛完毕，收集各泳道的比赛卡片，必要时查看计时员的计时表，核实比赛成绩。当采用每条泳道 3 块秒表计时而未设置终点裁判时，运动员的计时成绩是名次的根本依据。当设置终点裁判时，计时长将比赛卡片与终点长核对后，交总裁判审查。

（5）计时员负责计取运动员在比赛中的成绩及计取 100 米以上距离项目的分段成绩，并将成绩登记在比赛卡片上，上交计时长。如计时长要求查看计时表成绩，应将计时表出示受检。没有得到"回表"信号前，计时员不得回表。

8. 终点裁判长和终点裁判员职责

（1）终点裁判长负责领导和分配终点裁判员的工作。在各组比赛中，观察全部情况，综合终点裁判员的判断，确定每组比赛名次。副终点裁判长协助终点裁判长工作。

（2）终点裁判员按分工准确地判断每组比赛名次。

（3）终点裁判员应坐在梯形架上，架子位于终点的延长线上，以便在全部比赛中能清楚地看到整个赛程和到达终点情况。

9. 编排记录长及编排记录员职责

（1）编排记录长负责领导和分配编排记录员的工作；负责检查和核对每项比赛成绩、名次，并提示总裁判在成绩单上签字。副编排记录长协助编排记录长工作。

（2）编排记录员在比赛前，应根据规则、规程、报名单、大会日程及有关材料，编制秩序册（单），印制裁判所需的各种表格。

（3）比赛中，要准确地记录并及时公布每项、每组比赛成绩。预赛、半决赛后，按成绩编排半决赛、决赛秩序。编制创新纪录表、团体总分表等统计表格。

（4）比赛结束后，应尽快编制成绩册，经总裁判签名后送交大会。

10. 检录长及检录员职责

（1）检录长负责领导与分配检录员的工作。副检录长协助检录长工作。

（2）检录员负责布置检录处，赛前核对运动员比赛卡片。

（3）检录员在每场比赛前负责接收各项接力棒次表。

（4）检录员在每组比赛前负责点名，并带领运动员入场。及时向检录长和总裁判报告未参加检录的运动员名单。比赛完毕后，带领运动员离场。发奖时，负责点名及引导工作。检录员还要负责检查运动员泳装是否符合规定。

注：运动员必须穿不透明的游泳衣（裤）参加比赛。女游泳衣必须是连体的。

11. 宣告员职责

宣告员在总裁判领导下，将比赛项目和进行情况及时向观众介绍，并宣布比赛成绩。

12. 司线员职责

司线员负责掌管召回线，当听到召回信号后，应迅速放下召回线，将运动员召回。每场比赛前要认真检查召回线的设备。

第五节　比赛通则

一、参加办法

（1）参加单位必须按竞赛规程规定，确定每项参加的人数和每人参加的项数，并在规定时间内办理报名手续。在报名单上要注明运动员本年度的最好成绩。

（2）运动员在报名后不得更替或更改项目。

（3）接力比赛以队为单位，每单位可在报名参加比赛的同组运动员中任选4人参加比赛。在预赛、决赛中参加者可任意调换，预赛和决赛均须将按接力棒次顺序排列的运动员名单在该场比赛开始前交检录处，否则以弃权论。在接力比赛中如颠倒棒次或冒名顶替者均应判为犯规。

二、编排

运动员参赛项目的组别和泳道将根据报名成绩按以下的程序和方式编排。在报名单上未按要求注明运动员本年度最好成绩的，则作为成绩最差的来安排比赛次序。如这样的运动员超过1人时，应以抽签的方法或计算机随机抽样的方法决定其比赛次序。

（一）预赛编组

（1）只有1组时，其赛次应为决赛。

（2）2组或3组时，成绩最好的运动员或接力队，应编在最后一组，次好的编在倒数第2组，全部编完后，再以同样的办法编排每组的第2个运动员或接力队，以此类推把所有的运动员或接力队编排完毕。

（3）运动员人数超过3组时，成绩最好的24名运动员或接力队按（2）的办法编排最后3组。所剩运动员或接力队，按其成绩顺序编满倒数第4组。如还剩下运动员或接力队，再编满倒数第5组，以此类推。

（4）2组或2组以上的任何预赛组内至少应有3名运动员或3个接力队。但在编排后，如有运动员或接力队弃权，预赛组内可少于3名运动员或3个接力队。

（5）比赛中不得将不同项目、不同距离和不同性别的运动员混合编组。

（二）泳道安排

（1）在设有8条泳道的游泳池内比赛时，同一组成绩最好的运动员或接力队，应安排在第 4 泳道。其他运动员或接力队按成绩的优、次以 5、3、6、2、7、1、8 泳道的顺序进行安排。如果泳池的泳道数是奇数，根据报名成绩，同一组成绩最好的运动员或接力队应编排在中间泳道。成绩次好的应安排在其左侧泳道，再次好的安排在右侧泳道。成绩相同的运动员或接力队采用抽签的方法决定先后。

（2）在 50 米池进行 50 米项目的比赛，在哪一端出发，应根据大会的决定执行，但其泳道的编排均按其他项目在出发一端进行出发的方法安排。

（三）半决赛、决赛

（1）半决赛项目泳道安排按照预赛的成绩选出前 16 名，根据预赛编组的规定按 2 组的方法进行编排。

（2）决赛项目泳道安排，根据预赛或半决赛的成绩选出前 8 名，按泳道安排的规定进行编排。

（3）预赛、半决赛结束后，在决定第 16 名或第 8 名时，有 2 名或 2 名以上运动员成绩相同，决定参加半决赛、决赛人选的办法如下：

①如采用自动计时装置或每条泳道有 3 块秒表计时（未设置终点裁判），同组或不同组的运动员成绩相同者，都必须重赛，按重赛后的名次决定参加半决赛或决赛人选。

②如采用人工计时并设置终点裁判时，同组运动员成绩相同者不重赛，按预赛或半决赛的名次确定参加半决赛或决赛的人选。不同组的运动员成绩相同者，按以下所述的 3 例精神确定重赛的运动员，根据重赛后的名次确定参加决赛人选。

在某项预赛或半决赛后，2 组或 2 组以上的运动员成绩相同，需要确定一名参加半决赛或决赛，应按各组终点名次最前一名参加重赛。重赛后名次最前的一名运动员参加半决赛或决赛。

在某项预赛或半决赛后，A 组的甲、乙、丙（按终点名次排列顺序）运动员与 B 组甲运动员成绩相同，需要确定 2 名参加半决赛或决赛，则 A 组的丙应被淘汰，由 A 组的乙和 B 组的甲重赛，重赛后优胜者与 A 组的甲参加半决赛或决赛。

在某项预赛或半决赛后，A 组的甲、乙运动员与 B 组的甲、乙运动员成绩相同需要确定 2 名参加半决赛或决赛，应由这 4 名运动员一起重赛，重赛后前 2 名运动员参加半决赛或决赛。

③重赛应在所有有关运动员游完预赛或半决赛至少 1 小时后（或经有关方面协商确定时间）进行。以抽签的方法安排泳道。重赛后若名次仍相同，再重赛。

（4）比赛如采用分组决赛（无预赛）项目的分组和泳道安排，按报名成绩的顺序，1～8 名排在倒数第 1 组，9～16 名排在倒数第 2 组，以此类推，将所有运动员编排完毕。每组运动员按成绩由高到低安排在 4、5、3、6、2、7、1、8 泳道。

三、弃权

(1) 运动员或接力队的弃权，应按照规程和有关规定处罚。已获得半决赛或决赛权的运动员或接力队不准备参加该项比赛，在该项预赛或半决赛结束后 30 分钟内向总裁判提出弃权者，可不予处罚或按有关规定处理。

(2) 当半决赛、决赛中有 1 名或 1 名以上运动员或接力队弃权，其名额可按运动员或接力队预赛、半决赛的成绩依次替补，大会应及时公布替补名单，并重新编排。基层比赛可根据具体情况进行编排。年龄组比赛可根据规程的规定编排。

四、计时

自动计时、半自动计时与人工计时，均被承认为正式的计时方法。

(一) 自动计时和半自动计时

(1) 自动计时和半自动计时装置必须符合相关规定，并在自动计时长的监督下进行操作。

(2) 采用自动计时装置时，如果没有大会设置的录像计时设备，须采用半自动计时装置或按规则配备同样数量的人工计时裁判员，作为自动计时装置的补救。在任何比赛中，使用自动计时装置时，由该装置判定的名次、成绩和接力出发判断器判断的情况，应比半自动计时装置或人工计时的判定更优先采用。在自动计时装置发生故障、无法使用或触板失灵时，半自动计时或人工计时成绩作为正式成绩。

(3) 用精确至 1/100 秒自动装置计时或半自动装置计时，小数点后 2 位数作为成绩记录。用精确至 1/1000 秒自动装置计时或半自动装置计时，成绩记录不取小数点后的第 3 位数，也不以此来判定名次。如至百分位秒数仍相同者，名次并列。成绩显示屏上只显示到 1/100 秒。

(4) 自动计时裁判工作程序如下。在比赛中，自动计时装置记录每一名运动员的成绩和名次。当自动计时装置失灵未能记录一名或多名运动员的成绩或名次时应：

①记录自动计时装置上已得到的有效成绩和名次。

②记录所有半自动计时（或人工计时）的成绩和名次。

③正式名次的判定方法：

a. 在同组比赛中具有自动计时装置记录成绩和名次的运动员进行比较，应保留其相对顺序。

b. 不具有自动计时装置记录名次，但具有自动计时装置记录成绩的运动员，应通过运动员自动计时装置记录成绩与其他具有自动计时装置记录成绩的运动员进行比较，确定其相对顺序。

c. 既没有自动计时装置名次，又无自动计时装置记录成绩的运动员，应通过半自动计时装置（或 3 块计时秒表）记录的成绩，确定其相对顺序。

④正式成绩的判定方法：

a. 具有自动计时装置记录成绩的所有运动员，该成绩即为正式成绩。

b. 所有不具备自动计时装置记录成绩的运动员，半自动计时装置（或 3 块计时秒表）记录的成绩即为正式的成绩。

⑤在一个项目预赛后判定全部运动员名次的方法：将全部运动员正式成绩按其优、次顺序排列，确定全部名次。正式成绩相同者名次并列。

（二）人工计时

（1）当采用人工计时，每条泳道必须指派 3 名计时员，所使用秒表必须是精确至 1/100 秒的计时表。

（2）人工计时正式成绩决定如下：

①在 3 名计时员中，有 2 个以上计时表的计时成绩相同时，此成绩为正式成绩。

②如 3 个计时表的成绩都不同，应以中间的成绩作为正式成绩。

③在 3 块秒表中只有 2 块秒表正常运行的情况下，应以平均成绩作为正式成绩。

（3）在终点名次和计时成绩顺序不一致时（如第 2 名的成绩反比第 1 名的成绩好），应以总裁判的判定为准。若总裁判判定以终点名次为准，应将第 1 名与第 2 名的正式成绩相加后平均，作为第 1 名和第 2 名正式的成绩（平均成绩取至百分位秒数）。若总裁判判定以计时成绩为准，应以计时成绩顺序重新排列名次。若出现两名以上终点名次和计时成绩顺序不一致时，仍按此办法办理。

（三）犯规

当判定运动员犯规时，成绩单上应显示"犯规"，不显示其成绩和名次。

（四）接力比赛

接力比赛的第一棒运动员分段成绩须记录并公布在正式成绩单上。如接力犯规，犯规前的第一棒运动员的成绩仍应予以公布。

第六节　各项泳式的比赛规定

一、自由泳

（1）自由泳比赛中，可采用任何泳式。但在个人混合泳及混合泳接力赛中，自由泳是指除蝶、仰、蛙以外的泳式。

(2) 转身和到达终点时，可用身体任何部分触池壁。

(3) 在整个游程中，运动员身体的一部分必须露出水面，在转身过程中允许运动员完全潜入水中，但在出发和每次转身后潜泳距离不得超过15米，在15米前运动员的头必须露出水面。

二、仰泳

(1) 在出发信号发出前，运动员面对出发端，两手抓住握手器，两脚（包括脚趾）应处于水面下。

(2) 出发和转身后，运动员应蹬离池壁，除做转身动作外，运动员在整个游进过程中应始终呈仰卧姿势。仰卧姿势允许身体做转动动作，但必须保持与水平面小于90度的仰卧姿势。头部位置不受此限。

(3) 在整个游进过程中，运动员身体的某一部分必须露出水面。在转身过程中，允许运动员完全潜入水中。但在出发和每次转身后，运动员潜泳距离不得超过15米，在15米前运动员的头必须露出水面。

(4) 在转身过程中，当运动员肩的转动，超过垂直面后，可进行一次单臂划水或双臂同时划水动作，并在该动作结束前开始滚翻。一旦改变仰卧姿势，就必须做连续转身动作，任何打水或划水动作必须是连续转身动作的一部分。运动员必须呈仰卧姿势蹬离池壁。转身时运动员身体的某部分必须触壁。

(5) 运动员在到达终点时，必须以仰卧姿势触壁。触壁时允许身体潜入水中。

三、蛙泳

(1) 出发和每次转身后，从第1次手臂动作开始，身体应保持俯卧姿势，任何时候不允许呈仰卧姿势。

(2) 两臂和两腿的所有动作都应同时并在同一水平面上进行，不得有交替动作。

(3) 两手应同时在水面、水下或水上由胸前伸出，并在水面或水下向后划水。除转身前最后一个动作、转身过程中和终点触壁前的最后一个动作外，在手臂的完整动作中，两肘不得露出水面。除出发和每次转身后的第1次划水动作外，两手向后划水不得超过臀线。

(4) 在蹬腿过程中，两脚必须做外翻动作，不允许做剪夹、上下交替打水或向下的海豚式打水动作。只要不做向下的海豚式打腿动作，允许两脚露出水面。

(5) 在每次转身和到达终点时，两手应在水面、水上或水下同时触壁，触壁前的最后一次划水动作结束后，头可以潜入水中，但在触壁前的一个完整或不完整的配合动作中，头的某一部分应露出水面。在每个以1次划臂和1次蹬腿顺序完成的完整动作周期内，运动员头的某一部分应露出水面。只有在出发和每次转身后，运动员可在全身没入水中，做 1 次手臂充分的向后划至腿部的动作和 1 次蹬腿动作，但在第 2 次划臂至最宽点并在两手向内划水前，头必须露出水面。

四、蝶泳

（1）从出发和每次转身后的第 1 次手臂动作开始，身体应保持俯卧姿势，允许水下侧打腿。任何时候都不允许转成仰卧姿势。

（2）两臂必须在水面上同时向前摆动，并同时在水下向后划水。

（3）所有腿部的上下打水动作必须同时进行。两腿或两脚可不在同一水平面上，但不允许有交替动作，不允许蹬蛙泳腿。

（4）在每次转身和到达终点时，两手应在水面、水上或水下同时触壁。

（5）在出发和每次转身后，允许运动员在水下多次打水动作和 1 次划水动作，这次划水动作必须使身体升到水面。在整个游程中，运动员身体的一部分必须露出水面。允许在出发和每次转身后潜泳，距离不得超过 15 米，在 15 米前运动员的头必须露出水面。运动员必须使身体保持在水面上，直至下次转身或到达终点。

五、混合泳

（1）个人混合泳须按照下列顺序进行比赛：蝶泳，仰泳，蛙泳，自由泳。

（2）混合泳接力须按照下列顺序进行比赛：仰泳，蛙泳，蝶泳，自由泳。

（3）在个人混合泳和混合泳接力项目的比赛中，每一泳式都必须符合竞赛规则的有关规定，在仰泳转蛙泳过程中，运动员必须呈仰泳姿势触及池壁。

第七节　场地、器材设备

举行全国综合性运动会的游泳比赛、全国游泳冠军赛、锦标赛、达标赛的游泳池必须符合以下规定。

一、游泳池

（1）游泳池应长 50 米（短池池长为 25 米），误差范围为 ＋0.03 米，－0.00 米。以上规格必须经由国家承认的测绘单位测量并提供书面证明。

（2）游泳池宽 21 米或 25 米（奥运会和世界游泳锦标赛的池宽为 25 米）。

（3）水面至池底的深度应在 2 米以上，两端池壁必须垂直平行。两端自水面上

30 厘米至水面下 80 厘米的池壁必须结实、平整、防滑。游泳池与跳水池之间，至少应相隔 5 米。应在离水面下至少 1.2 米的池壁上设休息台，台面宽为 10～15 厘米。池的四壁可设水槽（池的两端如设水槽，应按规定，在水面上 30 厘米处留有安装触板的地方，必须有铁栅或挡板遮盖水槽），水槽必须有调节阀以保证池内正常水位。

（4）池水：水温 25～28 摄氏度，室外游泳池水温最低不得低于 25 摄氏度。比赛时，池水必须保持正常水位，水面要平稳。如采用循环换水，池水不得有明显的流动或漩涡。要求池水达到使运动员能看清池底和池端目标标志线的清晰程度。

（5）灯光：整个游泳池的灯光照度不得少于 1500 勒克斯。

二、泳道、分道线及标志线

（1）游泳池内设 8 条泳道，由 9 条分道线构成，每条泳道宽 2.5 米。第 1 道和第 9 道线距池边分别为 0.5 米和 2.5 米。

（2）分道线必须拉至泳池两端。固定分道线的挂钩应安装在池壁内。分道线必须拉紧。分道线由直径 5～15 厘米的单个浮标连接而成。从分道线两端开始至 5 米处的全部浮标，颜色必须与其他不同。每 2 条泳道之间只允许有一条分道线。50 米池必须设有 25 米浮标标志。

（3）泳道标志线：各泳道中央的池底应有清晰的深色标志线，线宽 20～30 厘米，线长 46 米（25 米池线长 21 米），线两端距池端各为 2 米。在泳道标志线的两端应各画一条长 1 米与泳道标志线同宽并与其垂直对称的横线。两条泳道标志线的中心距离应为 2.5 米。

（4）池端目标标志线应画在两端池壁上或触板上，位于各泳道中央，宽为 20～30 厘米，从池壁的上沿一直延伸到池底。在水面下 30 厘米处的池端目标标志线中心上画一横线，横线长 50 厘米，宽 20～30 厘米。

三、出发台

（1）出发台应正对泳道的中央，其前缘应高出水面 50～75 厘米。出发台的表面面积至少为 50 厘米×50 厘米。台面应由防滑材料覆盖，其向前倾斜不超过 10 度。出发台前缘应与池壁在同一垂直面上。出发台必须坚固且没有弹性，并应保证运动员出发时能在前缘和两侧抓住出发台（出发台台面的厚度不得超过 4 厘米，否则出发台两侧应至少有 10 厘米长、前端至少有 40 厘米长深入台体的握手槽）。

（2）仰泳出发的握手器，必须同时有横的和竖的，设在出发台上，高出水面 30～60 厘米。横握手器与水平面平行，竖握手器与水面垂直，握手器应与池壁在同一垂直面上，不得突出池壁之外。

（3）出发台四周应用明显的阿拉伯数字标明泳道号数。两侧的字应尽量靠前，使裁判员能看清。出发台的号数应在出发一端（面对池）从右至左依次排列。

四、召回线及仰泳转身标志线

（1）出发召回线必须横跨游泳池并缚在离出发池端15米处的固定柱子上（距水面1.2米以上），要求能迅速放入水中，并能有效地覆盖全部泳道。在距离游泳池两端15米处的泳池两侧和各泳道分道线上必须有明显的标记。

（2）仰泳转身标志线为横跨游泳池的旗绳。旗绳两端固定在离游泳池两端5米的柱子上，高出水面1.8~2.5米。

五、自动计时装置

（1）全国综合性运动会、全国冠军赛、全国锦标赛必须采用自动计时装置。

（2）自动计时装置应能判定运动员到达终点的先后，并记录运动员的成绩。计取的成绩应精确到百分之一秒。任何安装的装置不得影响运动员的出发、转身或溢水系统的功能。这种装置应由发令员启动，装置的电线尽可能不要露在池岸上，能够按名次和泳道显示出各泳道所有记录下的信息，提供易读的运动员成绩。

（3）自动计时装置应包括以下设备。

①首先是起动装置，包括出发音响等设备，具体要求如下。

a. 供发令员发布口令的话筒。

b. 如使用发令枪，必须带有换能器。

c. 话筒和换能器应与各出发台的扬声器相连，使出发运动员都能同时听到发令员的口令和出发信号。

②触板应为240厘米×90厘米，最大厚度为1厘米。触板应露出水面30厘米，浸入水中60厘米。各泳道的触板应独立安装以便单独控制。触板的表面必须颜色鲜明，并画有规定的池端目标标志线。

a. 安装——触板应安装在泳道中心的固定位置上，触板应轻便，以便容易拆卸。

b. 灵敏度——触板的灵敏度应不会受水浪的波动而产生作用，只对运动员的轻微触动产生作用。触板的顶沿应是灵敏的。

c. 标志线——触板上的标志线应与池壁的目标标志线一致并重叠，触板的周围和边沿应标有2.5厘米的黑边。

d. 安全性——触板应没有触电的危险，触板的边缘应平滑。

（4）自动计时装置至少有下列配件和功能。

①在比赛中能重复打印出各种信息。

②成绩公布板。
③精确到百分之一秒的接力出发判断器。
④自动计趟器。
⑤分段成绩公布板。
⑥总名次排列计算机。
⑦误触板纠正器。
⑧自动充电器。

(5) 在各种重大比赛中还应具备下列条件：

①成绩公布板至少应有 12 行，每行可显示 38 个字符，每个字符的位置上均能显示字母和数字，每个字符至少为 20 厘米高，显示栏应可上下翻动，并且有闪烁功能。公布板应显示在比赛中运行的成绩。

②在离终点池端 3~5 米处，必须有一个装有空调的控制中心，其面积至少为 6 米×3 米，其地面要高出泳池地面 30~50 厘米。以便在比赛中随时能不受阻碍地观察到终点端和转身端的情况。总裁判在比赛时间应能方便地进出控制中心。在比赛时间外控制中心应能封闭。

③录像计时系统（在奥运会和世界游泳锦标赛必备）。

(6) 采用半自动装置计时时，终点一端裁判员应按动按钮记录到达终点运动员的成绩，作为自动计时装置的补救。如果每条泳道有三个按钮，每个按钮由一名裁判员操作。（转身检查员可以操作其中一个按钮），在这种情况下不设终点裁判员。

六、基层比赛的游泳池

(1) 深度：出发端 1~6 米处，池深至少 1.35 米。泳池的其他地方至少深 1 米。

(2) 泳道宽不得少于 2 米，两端泳道与两侧池壁的距离不得少于 20 厘米。

(3) 泳道数和池宽不限。

(4) 灯光：照耀在出发台和转身池壁的灯光照度不得少于 600 勒克斯。

a. 泳道标志线及其两端横线、池端目标标志线宽 0.2~0.3 米

b. 池端目标标志线横线长 0.5 米

c. 池端目标标志线中心横线深度 0.3 米

d. 泳道标志线两端横线长 1 米

e. 各泳道标志线间宽度 2.5 米

f. 泳道标志线两端横线距池端距离 2 米

g. 触板为 2.4 米×0.9 米×0.01 米

第八节 水球

一、水球的起源与发展

（一）水球的起源

水球起源于19世纪中叶的英国。最初是人们在水中传掷足球的一种娱乐活动，所以有"水上足球"之称，后逐渐形成两队之间的竞技运动。1869年英国出现用小旗标定边线和球门的水球比赛。伦敦游泳俱乐部为了吸引更多的人来参加游泳运动，决定组织一个委员会将足球的规则改用到水中。

（二）水球的发展现状

水球运动在20世纪20年代传入中国的香港及广东一带。目前加拿大、荷兰、美国、澳大利亚、德国等国家发展得比较好，水平较高。中国水球队曾在第8届、第9届、第10届亚运会上连续获得冠军，在第23届奥运会上获得了第9名。

在女子水球项目成为2000年悉尼奥运会的正式比赛项目之后，我国的北京、广西、广东等地陆续组建了女子水球队，国家体育总局也于2003年举办了首次全国范围内的女子水球比赛。中国女子水球队用了7年的时间成为了世界亚军。

二、水球主要赛事介绍

（一）组织机构

世界泳联的任务是确定奥运会和其他国际比赛中游泳、跳水、水球和花样游泳的规则，审核和确认世界纪录，指导奥运会中的游泳比赛。中国游泳协会是中国游泳运动的全国性群众组织，是中华全国体育总会领导下的单项运动协会之一。中国泳协下设游泳、跳水、水球3个项目的裁判委员会和教练委员会，分别负责竞赛、裁判、组织和技术、训练、科研等具体工作。

（二）水球项目主要赛事

水球项目的主要赛事有：世界杯水球赛、世界游泳锦标赛水球比赛、奥运会水球比赛等。

三、竞赛规则及参赛方法简介

水球运动是同场对抗类项目，比赛激烈，具有很高的观赏价值。水球比赛在两支队伍之间进行，参赛人数为每队 7 人。在比赛过程中，运动员要保持游动或踩水，不得触池壁或池底。比赛分为 4 节，每节实际比赛时间 7 分钟。在第 1 节和第 2 节之间及第 3 节和第 4 节比赛之间设有休息时间 2 分钟；第 2 节和第 3 节之间休息 5 分钟。通常一场比赛要持续 65~70 分钟。

只有守门员可以双手持球。防守队员可以抱住对方持球队员，如果被抱住的队员，将球压入水下不论有意无意将会被判犯规。

进攻方有 35 秒时间射门，球员射门时若球的整体越过了两个球门柱之间的连线，就算射门得分。球员不能握拳击球，在比赛场地的任何地方都可射门。如果 35 秒内没有形成一次射门，则由对方发球或掷边线球。

参赛方法根据世界泳联规定，按照相关比赛成绩和东道主队决定参赛队伍。每队的选手人数为 13 人。

男子和女子水球比赛都包括预赛、1/4 决赛、半决赛和决赛。资格赛结束后，预赛之前将进行整个水球比赛顺序的抽签。预赛采取单循环淘汰制。奥运会女子水球资格赛结束后，进行奥运会女子水球比赛的抽签。

四、训练及比赛需要的场地设施和器材

水球比赛通常使用标准的 50 米游泳池，水深超过 2 米，用水线标出比赛区域。男子比赛场地是 30 米×20 米，女子比赛场地是 25 米×20 米。

球门用一根坚固的横梁和两根门柱构成，门柱和横梁为横截面 0.075 米×0.075 米、涂成白色的方柱。端线和球门线之间的距离为 0.3 米。两门柱内缘间的距离为 3 米，水深达到或超过 1.5 米时横梁下缘距水面 0.9 米。球应为内有气胆（可自动封闭的气门嘴）的可防水圆形体，表面无突出的缝线，且不得涂抹油脂或类似的物质。球的重量不少于 400 克，不大于 450 克。

第九节　跳水

一、跳水的起源和发展

（一）跳水的起源

跳水是从高处用各种姿势跃入水中或是从跳水器械上起跳，在空中完成一定动作姿势，并以特定动作入水的运动。

跳水运动的历史非常悠久。人类在掌握了游泳技能之后，就开始有了简单的跳水活动。早在公元前5世纪，古希腊的一个花瓶上就绘有一群可爱的小男孩正头朝下跳水的图案。我国在宋代出现了名为"水秋千"的简单跳水器械。

（二）跳水的发展现状

现代竞技跳水始于20世纪初。1900年，瑞典运动员在第2届奥运会上作了精彩的跳水表演，一般公认这是最早的现代竞技跳水。1904年第3届奥运会上，男子跳水被列为正式比赛项目。1908年正式制定了跳水比赛规则。到1912年第5届奥运会时，增加了女子跳水比赛项目。

二、跳水的主要赛事介绍

跳水的主要赛事有：世界泳联跳水大奖赛、世界泳联跳水系列赛、世界游泳锦标赛跳水比赛和奥运会跳水比赛。世界泳联每年都举行跳水大奖赛，每站设8枚奖牌。相比大奖赛，系列赛的参赛门槛较高，要求是上一年世界大赛的前8名选手。系列赛也是每年举办1次，每个赛季设站数量不定，每站8枚奖牌。世界游泳锦标赛跳水比赛每2年举办1次，共设10块金牌。奥运会跳水比赛是每4年举办1次的盛会，设8块金牌。中国跳水队在跳水项目中占据强大优势。

三、竞赛规则及参赛方法简介

（一）竞赛规则简介

跳水比赛分男、女10米跳台跳水和男、女3米跳板跳水四个项目，并分成双人和单人进行比赛，共8块金牌。不论是跳板还是跳台跳水，完成动作的过程都包括助跑、起跳、空中技巧和入水4个阶段。跳水的主要规则有：男子个人项目和男子双人项目进行6个动作的比赛。女子个人项目和女子双人项目进行5个动作的比赛。上述6个或5个动作中不允许有重复的动作，代码相同的动作视为同一个动作。

（二）跳水动作代码的含义

1~4组动作的号码均采用3位数。第1个数代表动作组别；第2位数代表飞身动作，如果第2位数是"0"，则表示没有飞身动作；第3位数代表翻腾周数，如"1"为半周，"2"为一周，"3"为一周半，以此类推。

第5组转体动作采用4位数。第1位数表示第5组（特指转体跳水）；第2位数表示翻腾的方向；第3位数表示翻腾周数；第4位数表示转体周数，计算方法同前。

第6组臂立动作也采用3位数。第1位数表示第6组（特指臂立跳水）；第2位数表示臂立跳水的方向；第3位数表示翻腾周数。

（三）参赛方法

低于 B 组年龄（14 岁）的运动员，不能参加奥运会跳水比赛（年龄计算截至比赛年 12 月 31 日前）。双人比赛中，每个国家或协会最多可以选派 1 对选手；单人比赛中，每个国家或协会最多可以选派 2 名选手参赛。

世界游联跳水技术委员会规定，凡是奥运会和世界杯跳水比赛都必须进行预赛、半决赛和决赛。预赛中选手的出场顺序将在技术会议中根据计算机随机抽签决定。在决赛中如不采用淘汰制，运动员应按总分排列名次的颠倒顺序进行比赛；在决赛中如果采用淘汰制，运动员应按预赛总得分排列名次的颠倒顺序参加下面的比赛。如出现比分相同，比分相同运动员的比赛顺序由抽签决定。

在奥运会中，双人比赛没有预赛，直接进行决赛。决赛中共有 8 对选手（其中之一来自东道主国家）。出场顺序由计算机随机决定。

四、训练及比赛需要的场地设施和器材

跳水池面积为 25 米×25 米，池深为 5.4 米。

跳台跳水在离水面 10 米高的坚硬无弹性的平台上进行。10 米跳台按世界泳联规定，应最少长 6 米，宽 3 米，并在表面覆盖防滑材料。

跳板跳水在一条离水面 3 米高的有弹性的板上进行。3 米跳板按世界泳联规定，跳板应最少长 4.8 米，宽 0.5 米，并在表面覆盖防滑材料。

第十节　公开水域游泳

一、公开水域游泳的起源和发展

（一）公开水域游泳的起源

公开水域游泳是一项在海、湖泊或河流等自然水域进行的游泳活动或比赛。1985 年被世界泳联正式接纳。这是一项在海、湖或者河的自然环境中进行的游泳比赛，它的起源比世界泳联成立（1908 年）还要早。推动这项运动发展的比赛是著名的横渡英吉利海峡。19 世纪最后的 30 年里，为了显示一名游泳运动员在自然环境下的生存能力，也为了一些商业利益，许多人试图靠一己之力，横渡英吉利海峡。1875 年 8 月 24 日，英国人马修·韦伯用 21 小时 45 分钟，成为第一个成功横渡者。

(二) 公开水域游泳的发展现状

我国大力开展 2 公里、3 公里以及 5 公里项目的群众性公开水域游泳赛事，通过举行这些群众性公开水域游泳活动，目前已经培养了一大批公开水域游泳的爱好者，推动了公开水域游泳的健康、快速发展。

2001 年、2003 年我国曾几次组队参加亚洲公开水域游泳锦标赛并获得较好成绩，2002 年、2004 年我国也参加了世界杯赛。2006 年我国首次赴英国参加世界杯比赛，在 5 公里比赛中取得了 1 金 2 铜的好成绩。2016 年里约奥运会，中国运动员在女子 10 公里公开水域游泳决赛中获得第 4 名，创造了当时中国选手在该项目世界大赛中的最好成绩。2019 年光州世界游泳锦标赛女子 10 公里公开水域游泳中，中国选手荣获冠军，实现了中国体育代表团在公开水域项目中金牌零的突破。

二、公开水域游泳的主要赛事介绍

(一) 组织机构

中国游泳协会下设二级协会，即公开水域游泳委员会，该协会每 2 年召开 1 次会议。公开水域游泳每年都有 2 公里、5 公里等距离的全国锦标赛（成人分龄公开水域游泳公开赛）。

(二) 公开水域游泳项目主要赛事

公开水域游泳项目主要赛事有：世界杯公开水域游泳比赛，每年举办 1 次 10 公里以上项目。世界锦标赛公开水域游泳比赛每 2 年举办 1 次，设有 5 公里、10 公里和 25 公里项目。奥运会公开水域游泳比赛设有男子 10 公里和女子 10 公里 2 个小项。

三、竞赛规则及参赛方法简介

(一) 竞赛规则简介

公开水域比赛采用自由泳姿势比赛。运动员如靠其他选手或救生艇的帮助加快游速，属犯规行为，途中裁判员应给予警告。

总裁判或者副总裁判认为某个运动员违反规则或其救生艇故意妨碍、干扰其他运动员游进，第 1 次犯规出示黄旗及印有运动员号码的卡片，示意其违反了规则；第 2 次犯规副总裁判应出示红旗及印有运动员号码的卡片，示意其已经第 2 次违反了规则，运动员应立即被取消参赛资格，必须马上离开比赛水域并被带至救生艇，不得继续参加比赛。

救生艇不得妨碍其他运动员游进，运动员不得靠救生艇的帮助加快游速。救生艇与运动员之间的位置尽量不变，保持运动员或在救生艇前，或在救生艇侧边。

（二）参赛方法

世界泳联公开水域游泳竞赛所有赛事的选手年龄必须年满14周岁。所有的开放水域比赛中，运动员都要站在固定台上或者在足够深的水中，以便"出发信号"发出后，他们马上可以开始比赛。比赛途中运动员可站立，但不得走动或跳动。不能借助固定和漂浮在水中的物体加速游进，不得接触救生船体，救生船体及船上人员也不得接触运动员。

所有比赛都有时间限制（关门时间）：25公里以下，30分钟；25公里，60分钟；25公里以上，120分钟（第一名运动员到达后开始计时）。如果运动员在时间限制内未完成比赛，应离开比赛水域，除非副总裁判允许运动员在时间限制外继续完成比赛，但不参与计分或奖项的评选。

四、训练及比赛需要的场地设施和器材

世界泳联举行的公开水域的比赛地点和路线必须得到批准。赛程须在水流和潮汐较小的海水或流动水域中进行。比赛水域任何一点的深度不得少于1.4米。水温不得低于16摄氏度，以比赛当天赛前2小时在赛段中间40厘米深处测试温度为准。水温由总裁判、一名组委会成员和技术委员会指派的一名教练员进行测量。

第十一节　游泳活动中的健康和卫生

一、健康诊断

健康诊断的目的是通过检查游泳者的健康状况来判断其是否能够参加游泳活动，从而保证游泳者的安全。通过检查，判断游泳者有无对其他游泳者产生传染性疾病的可能，从而控制可能带有传染性疾病的游泳者，以达到避免传染疾病传播的目的。

对于游泳者来说，心血管系统疾病、蛛网膜下出血、颈椎和脊椎损伤、肌肉痉挛、溺水等原因都会引起死亡事故发生。为了加以防范，游泳者泳前进行的医学检查尤为重要。在可以预见危险性的比赛或教学中，必须要把安全放在首位。甚至有时需要通过一定的强制手段来进行教学活动的管理。

通过调查了解到，在以往的案例当中，冠状动脉病变、心脏瓣膜机能障碍以及家族遗传性心肌梗死或家族当中有过猝死症状的人员都属于高危人群，这些人必须征得医生的同意后才能参与游泳活动。

游泳是一项在水中调节呼吸的运动，换气技术差的人经常因憋气憋到极限而诱发血压上升和脉搏不齐，因此在这一方面应特别注意。另外，部分人群当冷水溅到眼皮时，会反射性地出现脉搏不齐，甚至出现心脏骤停的反应（俗称心脏停搏）。这类人群如欲在水温较低的泳池或海水中游泳的话，必须进行相关的检查。如在做心电图检查时，可将脸部浸入装有冷水的容器里来观察心电图有无异常反应。

有颈椎病的人群，如伴有上肢麻痛、肌力低下及运动障碍等症状，在做游泳换气和跳水等动作时，由于颈部活动幅度较大，刺激性强，易使症状加重，应加以注意。

当高危人群、已诊断出病症者、平时经常服药者和觉得身体不适者前来向游泳场馆管理者和指导员咨询能否通过游泳改变身体状况时，管理者和指导员必须明确地指出游泳对身体健康是有益的，但如果身体不适，必须持有医生允许参加游泳活动的诊断证明和医嘱说明，以保证参与者在安全的情况下进行科学有效的游泳锻炼。

总之，游泳前应进行身体检查，凡患有心脏病、高血压、癫痫、活动性肺结核、传染性肝炎、皮肤病、红眼病、精神病、中耳炎、发烧、开放性创伤者，都不宜游泳。女性月经期游泳要采取卫生措施，未采取措施不宜下水。

二、游泳活动的注意事项

（一）游泳前的注意事项

（1）对于孩子来说，应该确认是否疲劳、有无发烧、有无腹泻等身体不良状况。对于成年人来说，应该确认是否睡眠不足、头痛、恶心、身体疼痛、心律不齐、头晕或心悸，还要确认当日或前日有无饮酒过量及身体不适感等，甚至要确认有无猝死症状或征兆的出现，无论是游泳者本人还是指导者都必须事先了解、掌握并防患于未然。

（2）摘除饰物并清除化妆品后再游泳。下水前应摘掉戒指、耳环和项链等饰品，剪掉长指甲，清洗脸、唇、指甲等部位的化妆品，这样能够避免不必要的水中伤害和对水质的污染。

（3）做好准备活动是使身体达到运动状态不可忽视的重要环节，简单的牵拉之后还要使肌肉和关节部位得到充分活动。尤其是专业级的运动者，在做准备活动时要特别注意身体各部位传递的不适信号，如有疼痛的感觉，不彻底查明原因并及时处置的话，便可能发展成运动性伤病甚至导致训练终止。准备活动后如身体出汗，应先淋浴再下水，否则会污染水质。淋浴时如果水比较凉，应从上下肢的末端开始淋浴至全身。此外，由于激烈的运动会使消化机能降低，饭后两小时内应避免激烈的游泳活动。集体教学入水前必须要清点人数，这一点不可忽视。

（二）游泳中的注意事项

（1）不要突然跳入水中，应从脚开始慢慢地入水。如果是孩子或身高较低的成年人，还应确定水的深度后再下水。

（2）入水后要通过水中步行或慢游来逐渐加快心跳速度。由于小孩和老年人的体温容易降低，因此，在水中停留时间的长短及天气变化等方面的问题更要细心考虑。有哮喘病的孩子不宜突然提高运动强度；患有过敏性角膜炎的孩子要佩戴游泳镜；对于成年人的游泳，在强调自我管理的同时，还要指导他们适宜地进行身体检查；而对孩子，则要经常观察其脸色、动作和意识状态，如果出现异常，应及时终止游泳，迅速转移到安全的地方不离其身地照看他，异常加重或人手不足要尽快请求有关方面援助。

（3）配备和准备所需的物品。例如，室外游泳池边或海边休息地应备有太阳伞，温度较低的环境下应备有保暖毛巾。另外，游泳时还要注意对游泳者饮水和排尿等时间的安排。

（三）游泳后的注意事项

（1）如果是进行集体教学，起水后必须整队清点人数，并做整理放松运动。

（2）起水后要认真清洗眼睛和身体。擦拭身体时要注意个人卫生，不要借用他人毛巾，特别是特应性皮炎患者，由于游泳池水中投放氯消毒，所以更应注意身体的清洗和卫生。

（3）如果耳朵进水，应用软体棉棒和毛巾清除或倾斜头部把水空出，避免引发炎症。

（4）冬季游泳时，游泳者的体温容易急剧下降，指导者就要十分注意，可能诱发哮喘和荨麻疹。

（四）易在泳池感染的传染性疾病及预防措施

容易在泳池中引起感染的疾病有很多种，如表3-4所示。

表3-4 泳池易染疾病

疾病名称	主要症状	备注
夏日感冒综合征	连续数日发烧、头痛、腹泻	—
疱疹性咽峡炎	口峡部位周围形成水泡发红	—
咽喉结膜炎	咽喉肿痛、颈部淋巴肿胀、发热	
流行性角膜、结膜炎	结膜的炎症、耳前淋巴肿胀、角膜溃疡	有失明的危险
传染性软属肿块	中心部出现白色疣	俗称"水疣"
白癣	指间糜烂发痒	俗称"脚气"

为了防止感染以上疾病就必须保证游泳池的水质达到国家规定的标准。另外，条件比较差的游泳馆和无循环水设备的游泳池中经常会投入大量的氯，这样会使特应性皮炎患者的病情恶化。所以，为了预防感染而按水质标准进行消毒是必要，但应避免过度消毒。此外，还应注意游泳池边、洗脚池、衣柜内外、毛巾、桌椅等设施和物品的清理消毒，否则被病菌携带者接触后，容易造成其他人员的再感染，由于游泳池的更衣室温度高、湿度大，是病原体滋生的温床，被感染皮肤的皮屑脱落到更衣室内便成为感染源，因此，更衣室内必须要保持清洁。游泳馆内应禁止饮食，并保证衣物和毛巾等物品的有序放置。

（五）对感冒患者的提示

人在感冒时往往会伴有发热、咳嗽、全身乏力和食欲不振等症状，且体力会随之下降。在中老年人群中，曾发生患有感冒仍坚持游泳而造成蛛网膜下出血的案例，因此不能忽视感冒。感冒时需要静养，原则上需要停止游泳活动。有时，竞技游泳运动员出现疲劳和情绪低落等情况时，会出现与感冒较为相似的症状，教练员应确认运动员有无发烧症状后再决定其是否继续训练，不应盲目地指责运动员，强迫其继续训练。

（六）对眼、耳、鼻疾病的防范

游泳时要预防眼病，除要选择干净的游泳场所外，还要注意维护公共卫生。游泳者在游泳后可涂抹眼药膏，切勿用脏手乱擦眼睛，以防挫伤结膜或使细菌进入眼内。游泳时如果有水进入耳内，常有刺痒、耳鸣等不适感，这时切勿用手指挖耳，以免擦破耳道导致污水感染，引发中耳炎。中耳炎可能引发鼓膜穿孔，而且常伴有发烧的症状。长时间感染可能导致听力和平衡感丧失以致发生溺水。另外，由于游泳时耳道被长时间浸泡，外耳道也会引起感染，所有的外耳道炎症都会有外耳疼痛和肿胀的症状，如果不加以治疗，可能通过鼓膜传播到中耳，导致听力丧失。因此，当感染以上病症时，应当停止游泳并到医院进行检查和治疗。同时，过敏性鼻炎的患者应选择水质较好的游泳馆，避免因氯气的刺激而使症状恶化。

第四章

游泳技术概述

第四章 游泳技术概述

在游泳中我们经常可以看到,有的人不费力就能游得很快,而有的人游得又慢又费力,这主要是游泳技术和游泳中流体力学因素造成的。下面就让我们对游泳涉及的一些基本技术原理进行了解。人体运动是在神经系统的支配下,肌肉收缩作用于骨骼肌的结果,也就是以骨为杠杆,关节为中枢,肌肉的收缩为动力,使人体进行各种活动。而游泳是人体在水中进行的一项周期性的运动。先进的和合理的游泳技术除了要充分发挥人体主要大肌肉群的力量,保证人体各器官和各系统在承受大负荷的情况下能正常活动,以及保证个人特点外还要利用一些水的物理特性(水的阻力、水的浮力等)。

第一节 基本概念

一、运动方向

游泳时的游姿不是俯卧就是仰卧。这与我们平时运动有都很大的不同。在游泳中,向前是指游进的方向,向后是指游进的反方向,侧面是游进方向的左方或右方,向下是重力的方向,向上是浮力的方向。

二、运动轴和运动平面

人体在运动时,有 3 个相互垂直的轴和 3 个相互垂直的平面。3 个轴指纵轴、横轴和垂直轴。纵轴指水平的从头到脚穿过人体的轴;横轴指水平的从人体左侧穿到人体右侧的轴;垂直轴指垂直地上下穿过人体的轴(3 个面同 3 个轴的方向)。3 个面指水平面、额状面和矢状面。水平面与水面平行;额状面是横截人身体的面;矢状面是从头到脚把人体截为左右两半的面(图 4-1)。

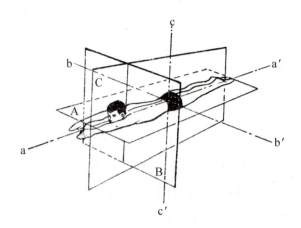

图 4-1 人体运动轴和运动平面

三、动作周期

游泳主要是靠臂和腿的划水动作和准备动作来游进的。一个动作周期是指做一次臂和一次腿的完整动作所需要的时间。通常用秒/次来表示。一次动作周期的开始,在爬泳、仰泳、蝶泳中,一般以从臂入水开始算;而蛙泳是从两臂前伸出,向两侧分开时开始算起。

四、动作节奏

动作节奏是指游泳时每一个动作周期内部速度的比例。比如:优秀蛙泳运动员,划水阶段所用的时间约为一个周期的 1/3。自由泳划水阶段所用的时间是一个动作周期的 1/4。动作节奏是技术合理与否的标志之一。初学者往往表现出动作节奏的紊乱,该用力的时候不用力,不该用力的时候乱用力。该加速的时候反而减速了等。因此,在完整的动作周期里无论是快游还是慢游都需要保持相对稳定的动作节奏。

五、动作频率

动作频率是指单位时间内的划水次数。通常以次/秒或次/分来表示。公式如下:

$$动作频率 = \frac{动作次数}{成绩(不包括出发转身的时间)}$$

六、划水效果

划水效果是指每次划水动作(包括蹬水动作)后身体游进的距离,它标志着动作质量的高低,通常用米/次来年表示。公式如下:

$$划水效果 = \frac{游进距离(不包括出发转身的距离)}{动作次数}$$

从公式中可以看出：①成绩相同，动作频率高的练习者，划水效果相对较差；②动作次数相同，则成绩好的练习者划水频率高，而成绩差的练习者不但划水频率低，他的划水效果也不好。因此动作频率和划水效果是相互有联系的。单纯追求动作次数或单纯追求划水效果都是不全面的。

第二节 水环境特点与阻力

一、水的自然特性

（一）难以压缩性

物体受到外力后体积缩小的程度，称为压缩性。在一般情况下，水在受到外界压力后体积不缩小。例如，在1个大气压和26摄氏度的条件下，淡水的密度远大于空气的密度。每增加1个大气压，水仅缩小1/10000，可以忽略不计。因此，可以认为水是难以压缩的。这个特性说明，水的密度不会因其深度变化而产生变化。而且，人进入水中后，水不会缩小体积，而是会排开相同体积的水。水的难以压缩性是人在水中受到浮力的根源。根据这个特性，在水中运动时身体保持平衡的难度要大于陆地上运动。

（二）粘滞性

液体都具有粘滞性，它产生于分子间相互吸引的作用。水在静止时各个方向上的压力平衡，粘滞性不显示作用。但当水受到的外力大于水的内聚力时，水层压力就产生变化，水分子之间的连接被冲散，各层流体的水分子相互之间的动量转化造成各层间的阻滞作用，产生水层摩擦来对抗外力，直至外力被削弱静止。外力越大，内聚力被冲散得越严重，水分子之间的摩擦作用也越激烈。这是人在水中运动时受到阻力的根源。根据这一特性，在水中运动时肢体克服的阻力比陆地上大，动作速度比陆地上慢。

（三）流动性

水具有流动性，当水在受到外力的作用时，如果外力大于水的原有内聚力，水层即被冲散，并使局部压力高于其他水层的水压。由于流体具有压力平衡的性质，高压区的流体就会流向低压区，或伴随外力的方向流动，以使流体压力得到平衡，这样就形成了流动。因为水的流动性，人在水中运动时，得不到来自水的固定支撑，大部分动作冲量都转移到了水的流动上,使人的动作冲量被流体的流动性所转移、吸纳、抵消或者离散,得不到像陆地动作上动作用力的效果,难以在水中表现出爆发力式的用力。根据这个特性,水中身体活动的速度比较缓慢,不像陆地上那样激烈,因此相对其他项目来讲比较安全,不易受到伤害。

(四) 导热性

游泳池的水温一般是恒定的,通常会低于周围的环境温度。而且水的导热速度比空气快 23 倍,人在水中散热比在空气中多近 25 倍,散热较快。因此,以同样的时间和强度运动,在水中的能量消耗要比陆地上大。在 25 摄氏度的水中游泳比在陆地上运动多消耗 50% 的能量。可以说游泳是消耗量最大的运动。人体的正常体温为 36～37 摄氏度,室内游泳馆的水温一般在 25～28 摄氏度,人体为了适应这一变化,保护自身,对寒冷刺激会产生一系列反应。

二、人在水中活动时受到的外力

(一) 重力和浮力

重力就是地球对物体的吸引力。其大小用重量来表示,方向向下。物体的重心即物体重量的合力中心。人体在水平位置时,其重心大致在人体腹脐的位置。随着身体姿势的变化,重心的位置也会变化,当我们站在齐胸深的水中,吸满气闭气并慢慢下蹲时,会感到水里有一股力量阻止我们向下,甚至会把我们托起来,这就是浮力的作用。根据阿基米德定律:浮力的大小等于物体排开的液体的重量。也就是说,人到了水中就要排开一部分水,这部分被排开的水的重量,就是人体受到的浮力。浮力的方向是向上作用于物体的。而浮心就是物体所受到的浮力的合力作用点。物体在水中的浮或沉要取决于物体受到的浮力与自身重力的关系。如果浮力大于重力,物体就会浮在水面。如果浮力小于重力,物体就会沉入水底。

在水中,人往往感觉到身体下沉的速度比在陆地上慢,好像有一股力量在向上托自己。在活动时还会感到身体前后左右晃动、身体不容易像在陆地上那样保持平衡。这是因为在水中受到向上的浮力,因为浮力与重力方向相反,使人在水中的体重减轻,有一种"失重"感。在陆地上人体是有支撑的,而在水中(液体状态中)人体失去了这个支撑。

物体在水中是浮还是沉,取决于它的密度。水在 4 摄氏度时的密度是 1 克/立方厘米。人体中不同组织的密度不同,骨骼的密度较大,脂肪的密度较小。例如:骨头的密度为 1.944 克/厘米^3;肌肉的密度为 1.058 克/厘米^3;略大于水的密度。内脏的密度为 1.05 克/厘米^3;脂肪的密度为 0.914 克/厘米^3。人体的平均密度接近水的密度,为 0.96～1.05 克/厘米^3。妇女、儿童的骨骼轻,肌肉含量较少,脂肪含量较多，因此一般容易漂浮；而青壮年男子肌肉粗壮，脂肪少，相对来说在水中不容易漂浮。人在吸气后体积增大，浮力也随之增大，呼气后浮力减小。与在陆地上一样，在水中人同样要受到重力的影响，方向向下。因此，不会游泳的人，或在水中不能平衡的人就容易下沉。身体各个部分所受到的重力的合力点，就是重心。

（二）阻力

当物体在水中运动时，要受到一个与物体运动方向相反的力的作用，这个力就是阻力。人在水中跑步的速度比在陆地上要慢得多，水越深，身体移动的速度就越慢，其原因就是水的阻力的作用。只要人在水中运动就要遇到水的阻力，阻力的方向与身体的运动方向相反，这种阻力被称为流体动力学阻力。由于水的密度比空气大得多，在水中运动时肢体所对抗的阻力也会大得多。为了提高游进速度必须减小这些阻力。同一物体在同样的速度下运动，水的阻力比空气的阻力大 800 多倍。游泳运动员在水中的前进速度，实际上是好几种力同时作用的结果，其中主要的是阻力和推进力。要想游得快，一方面要利用水有阻力这一特性，用四肢划水，使水对手和脚产生反作用力，从而产生尽可能大的推进力来推动身体前进。游泳时所受到的阻力有 3 种，即摩擦力、形状阻力和波浪阻力。

1. 摩擦阻力

水是具有粘滞性的液体，人在水中，就有一部分水粘附在身体上，运动时人体的周围就会产生摩擦力。显然减少摩擦力有利于游泳速度的发挥，这里我们很容易想到的是鲨鱼皮泳装，身体的表面越粗糙，阻力也就越大，使身体的表面光滑是减少摩擦阻力的最好方法。

2. 形状阻力（漩涡阻力）

物体的形状阻力是水在运动物体前的迎水面同物体后的漩涡产生的压力差引起的。其大小与物体的投影截面和物体前后压力差成正比（图 4-2）。减小物体的形状阻力，即减小迎水面和减小物体后面的涡流，使物体形态更符合流线型。在游泳过程中，身体越是成水平姿势，其横截面就越小，阻力也就越小。要减小阻力就必须让身体保持水平姿势。如：蛙泳收腿时，小腿跟在大腿的投影面后，而不是大、小腿都有投影面；向前伸臂时，以手指领先等都是为了减小形状阻力。

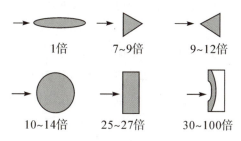

图 4-2 几种物体的形状阻力

由此可见，物体前面的形状越不好，产生的压力就越大。迎水的面积越大，物体后面的形状越不好，漩涡阻力就越大。物体前面和后面的压差越大，所受到的形状阻力也就越大。因此在游泳时保持身体的流线型（即两手两臂尽可能向前伸直、双手并拢，两腿两脚伸直并拢）可以有效地减小形状阻力。

3. 波浪阻力

游泳练习者在水下潜泳或滑行时，水从身体的四周流过，由于左右上下水流外的水压是基本均等的，所以练习者很少受波浪阻力的影响。如果练习者在水面上游泳，则是另一种情况。被练习者排开的水量高出水面而形成波浪，由于重力作用，波浪又会恢复水平状态，这样，练习者就好像举着一定量的水在游泳。这种破坏了水的平衡状态而形成的阻力，就是波浪阻力。形成波浪和漩涡一样，都要消耗练习者的能量。波浪越大阻力就会越大。如，为了减小波浪阻力并利用波浪，蛙泳练习者在游进时，使自己的头部始终"靠"在前面的小波浪上，或利用同游者造成的波浪，帮助自己提高速度。

$$阻力与速度的平方成正比：F = Sv^2 C (Re)$$

注：F 表示物体受到的阻力；S 表示物体的投影截面；v 表示物体的运动速度；C 表示物体形状和表面性质的阻力系数；Re 表示水环境的阻力系数。

物体在水中运动时，从这个公式中可以清楚地看出，阻力与速度的平方成正比，速度增加 2 倍，阻力增加 4 倍；速度增加 3 倍，阻力增加 9 倍。受阻力大小与物体的投影截面、物体运动速度、物体形状的阻力系数和水环境的阻力系数等因素有关。

（三）压力

第一次下水时，水没到胸部就会感到胸闷、呼吸困难，这就是水的压力的作用。正是因为水有压力，在水中进行健身活动会很自然地增加呼吸和循环系统的负担，呼吸肌需要增大力量克服水的压力，因而呼吸深度、心血管系统的运动强度加大，从而使这些系统得到良性的刺激。

（四）推进力

推进力是一种推动身体向前的力，是由划臂或打腿动作产生对水的作用力，利用水对身体的反作用力，把身体推向前。根据牛顿第三运动定律，作用力和反作用力大小相等，方向相反。作用力越大，反作用力也就越大。以静水为标准的速度，人在游泳时，方向向前，而人体所受的流体阻力的方向向后。手臂向后划水或脚腿向后蹬夹水时，其方向向后，手臂或脚腿所受的流体阻力（反作用力）方向向前。这两种阻力的物理本质是相同的。前一种阻力对人在游泳时起着阻碍作用。而后一种阻力，方向同人的游进方向相同，对人体起着推动前进的作用。所以在游泳技术中，这种推动人体前进的动力被称为推进力。推进力大，游进速度就快。因此提高

游泳速度不仅要减小阻力,还应该尽量增大推进力。提高游泳推进力的方法有以下几点:

1. 充分利用手形和脚形在有效动作中的作用

1)手形与推进力

手形是指手在划水时的形状。手掌从形状上看是一个有复杂外形的阻力面,是最易于利用或减小阻力影响的运动器官。手关节与肘关节的联动能使手有很大的多功能活动范围,因此手划水成为游泳中的主要推动力来源。而对手形的应用是否合理,是直接影响动作效果差异的重要因素。

手指自然伸直并拢。这种手形在手向前移时(如蛙泳),由于手指领先成甲板状向前,其挡水面最小,前后压差小,从手掌与手背滑过的水流平缓,近似流线型体,因此阻力最小,手部肌肉也比较放松(图4-3)。如果采用其他的手形,其效果都不如手指自然伸直、并拢为好。

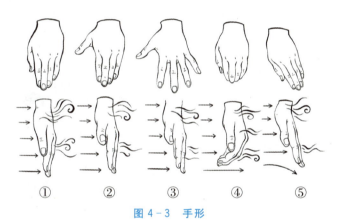

图4-3 手形

2)脚形与推进力

与手形一样,脚的姿势同样对划水的效果有很大的影响。脚掌是腿打水或是蹬夹水的主要作用面,脚的姿势对打水和蹬夹水的效果也有很重要的影响,踝关节的灵活性和柔韧性对提高腿部动作的效果有非常关键的作用。踝关节良好的灵活性和柔韧性可以增大脚的对水面积,使脚保持有利于形成较好的反作用力的姿势,从而有效地提高腿部动作的推进力(图4-4)。例如,在自由泳、仰泳、蝶泳腿的打水动作中,踝关节应尽量放松、伸直、两脚稍内扣;而蛙泳腿的蹬夹水动作,则应尽量勾脚,使脚能够充分外翻,从而保证小腿和脚的内侧面能够有效地蹬水,增加腿部动作的推进力。

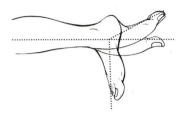

图 4-4 脚形

2. 曲线划水对推进力作用

向前游进，要求身体重心移动的轨迹趋向平稳且近似直线。为了实现这一目的，向后划水及蹬夹水的合力应尽可能地向后，以求得到与此方向相反的较大的推进力，推动身体更快地前进。现代的高速水下摄影图像分析表明，优秀游泳运动员在水中游进时，手或脚并不是直线地向后划水或蹬夹水，而是沿着一种螺旋曲折的线路运动（图 4-5）。

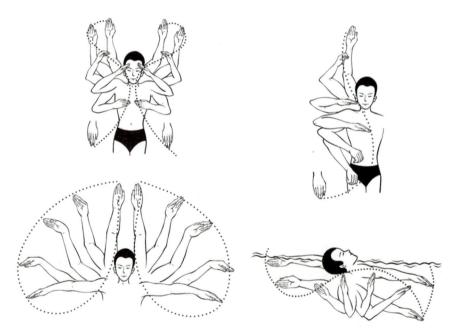

图 4-5 手的划水曲线

曲线划水是现代游泳技术的特点之一，是指手掌划水动作的轨迹呈曲线。其优势在于以下几个方面。

（1）由于划水路线与肌拉力线方向一致，使得运动员在游进过程中身体大肌肉群参与用力，从而提高游进速度。

（2）运动员在划水过程中，由于手掌像螺旋桨一样不断地调整和改变划水方向，不断地感觉到缓流水或静水的阻抗，从而促使运动员不断获得最佳的支撑点。

(3) 能够有效地延长运动员的划水路线。

3. 屈臂高肘划水对推进力作用

屈臂所指的是划水时肘关节和腕关节弯屈，使手掌和前臂形成更好的对水面，延长有效划水路线，从而获得更大推进效果。屈臂角度因划水时手臂所处的位置变化而变化，也因游泳姿势及个人特点不同而有区别。

屈臂划水主要通过屈肘、屈腕、伸肘、伸腕来调整对水方向和延续有效的中间阶段（图4-6）。当臂入水时，开始屈腕、屈肘，提前使前臂和手进入有效划程。划至后半程则逐渐伸腕、伸肘，使前臂和手保持向后作用，以延续有效划程。屈臂划水再加上肩的活动，其划水效果显然要优于直臂划水，因此优秀运动员都采用屈臂划水技术。但屈臂的程度应根据运动员的个人特点而异，不宜强求某一角度。

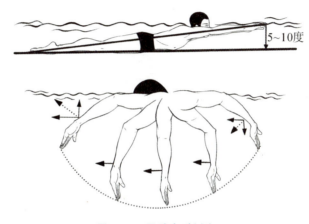

图4-6 屈臂高肘划水

高肘划水是指在划水过程中肘关节的位置高于手和前臂。之所以将"屈臂高肘划水"称为最理想的划水形式，主要因其有以下优点。

（1）有利于手臂的曲线划水，使手和前臂形成合适的迎角和姿势，从而产生较大的推进力。

（2）最大限度减小了手臂在入水时直接下压和出水时直接上划的动作幅度，有效避免身体过分地上下起伏，有利于保持较好的流线型，从而减小游进中的阻力。

（3）不仅能够缩短力臂，加快划水的速度，而且能够有效地动员更多的肌群参与运动，从而增加手臂划水的力量。

（4）可以有效缩短水对手臂各部分反作用力的合力作用点到身体纵轴的距离，有利于使身体保持直线游进，减小游进时水对身体的阻力。

4. 肢体运动速度与推进力

肢体运动速度与推进力之间也有着密切关系。在游泳时，要增大推进力就要加快肢体的运动速度。肢体的运动速度主要取决于肢体远端的动作速率。肢体远端，即上肢的手和前臂、下肢的脚和小腿，是产生推进力的主要动力，因此加快肢体的运动速度主要是提高肢体远端的动作速率。对于腿部动作来说，采用"鞭状技术"更有利于增加腿部的动作速率。

第五章

游泳练习概述

本章主要介绍游泳练习的原则、主要练习内容、练习方法和手段，以及不同类型练习计划的制订等内容，特别介绍了一些简便易行、效果较好的陆上体能练习方法，通过本章学习和练习实践，学生应掌握游泳练习的基本理论和方法。

第一节 游泳练习原则

一、适应性原则

练习的目的是使学生在能量代谢、生理、心理上产生变化，从而在比赛中表现出本人最佳水平。适应指学生身体因练习而发生的变化。当学生身体各器官、组织以超正常水平活动时，会发生适应性改变。

适应过程至少应包括下述 3 个步骤：

（1）采用适当练习，满足各类器官适应变化的需求。
（2）为各类组织生长、修复提供营养。
（3）在这些组织生长和修复过程中有充分的休息时间。

学生结束一个适应过程之后，只有保持住这一适应和已达到的运动能力，练习产生的适应变化才能发挥作用。要进一步提高竞技能力，必须进一步增加练习时间或练习强度，以进一步产生适应变化。

二、全面性原则

只锻炼发展专项能力，会使得受锻炼的部位产生极端化偏差，造成过度使用综合征等运动性障碍。因此，不能只练习特定的身体能力或身体部位，其他能力和部位也应该得到重视并加强锻炼。这种全面发展的练习原则就是全面性原则。如少年儿童时期，不能只练习游泳，也应该同时练习其他的运动项目，使体能均衡地发展，如小肌肉群和协调能力等。

三、渐进性原则

生理学的机能大部分是顺应普通日常生活的机能要求。为了使练习效果提高，需要适应正常身体机能水平以上的负荷。因此在持续的练习中，为提高身体机能，练习负荷强度必须要同时增强。

但是必须注意，不要突然急剧加大负荷强度。急剧提高负荷强度会使身体机能无法适应，相反会使机能倒退。因此，在制订练习计划的时候要结合学生的身体机能情况，负荷强度随着身体机能的提高而逐渐提高。例如在练习周期之初应进行低强度的练习，之后强度要渐渐提高，练习量也逐渐增加。

四、合理负荷原则

通过练习要使某些生理机制超出其正常要求，否则就不会产生适应改变，但又不能过度练习，使身体因伤或因其他原因使适应变化消退，练习能力下降。如果超负荷练习量超过某一生理系统的承受能力，该系统马上会出现故障，导致组织受伤，练习水平下降。为修复受伤的组织，必须改变练习方法。

如果练习负荷安排不当，或练习安排操之过急，练习性质可能发生变化。例如，安排提高有氧能力练习时，如果间歇时间太长，或游得过快，则这类练习会变成无氧性质的练习。同样，安排提高无氧能力练习时，如果练习距离过长，间歇时间过短，很容易变成提高有氧能力的练习。即练习的作用方向往往与期望值相左。因此，必须合理安排练习强度，循序渐进地增加运动量，使运动技术水平不断提高。

五、个性化原则

集体练习中，相同的练习内容可能对有些学生比较合适，但对有的学生来说，负荷可能较低，达不到练习效果；对另一部分学生，可能负荷又过高，容易造成过度练习。因此要根据学生身体的特点、体能水平、技术水平等分成若干个组来进行各种不同内容的练习。例如，长距离项目的学生练习时，就不能以速度练习为中心，应以耐力练习为主。

六、自觉性原则

不同的练习内容有不同的目的，练习中应激励学生清楚各种练习目的并自觉地进行练习。例如练习最大速度时，学生要用短距离、超出比赛速度的游速，集中精力完成；而练习耐力时，游速过快却难以获得很好的练习效果。

七、持续性原则

通过练习，身体机能会得到提高，但是这种练习效果要通过持续不断地练习来巩固。另外，身体机能练习效果和技术的练习效果不同，具有可逆性。例如，游泳的技能掌握后，即使长期不游泳，技术也不会全部丧失；而身体机能在练习中止后，短时间内就会下降。因此，要使身体机能获得一定的水平就要进行反复的练习，而且要维持身体机能水平,也必须持续不断地练习。

第二节　游泳练习的主要内容

根据练习的特性,将学生的练习分为 2 种类型,这 2 种类型对所有学生的练习都是非常重要的,一是提高有氧代谢能力的耐力练习,二是提高无氧代谢能力和爆发力的速度练习。

一、耐力练习

耐力练习的目的是改善有氧能力。耐力练习对所有 100 米以上的项目的学生来讲都是非常重要的。

耐力练习基本分 3 个水平或是类型,即比无氧阈值速度低的基础耐力练习、阈值耐力练习（无氧阈练习）以及超过阈值速度水平的超负荷耐力练习（最大摄氧量练习）。这 3 种类型在本教材中用以下名称表示：基础耐力练习、阈值耐力练习和超负荷耐力练习。

（一）基础耐力练习

基础耐力练习的特点是,通过这种强度能够使脂肪和肌糖原再合成 ATP 供能。与阈值以上强度的耐力练习相比,此练习中脂肪代谢率增高,肌糖原的消耗降低；运动中的能量来源主要靠脂肪供给,占总能量 50%～60%。有研究表明,通过 12 周每日 1.5 小时的基础耐力练习后,较基础耐力练习前脂肪消耗率提高了近 2 倍,肌糖原的枯竭率减少了 42%。因此,基础耐力练习作为提高有氧能力的一部分,与保持练习强度相比,更能够达到恢复在阈值耐力练习和超负荷耐力练习中消耗掉的糖原的效果和目的（表 5-1）。

表 5-1　基础耐力练习的作用

主要作用	次要作用
增加每搏输出量和心输出量	可为快收缩肌纤维中的肌糖原置换提供更多时间
增加血量	可为慢收缩肌纤维中的肌糖原置换提供更多时间
增加肺毛细管容量	进行各类极限下强度的练习时,有利于脂肪提供更多的能量

续表

主要作用	次要作用
改善血液分流状况	—
增加慢收缩肌纤维周围毛细管数量	—
增加慢收缩肌纤维中肌红蛋白和线粒体数量	—
加快乳酸从慢收缩肌纤维中的排出速度	—
加快乳酸从血液中的排出速度	—

(二) 阈值耐力练习

这一强度水平的耐力练习目的是在不过于放松的前提下,尽可能的以较快速度游,从而改善有氧能力。无氧阈强度(AT)是发展有氧耐力练习的最佳负荷强度,既能使呼吸和循环系统机能达到较高水平,最大限度地利用有氧供能,同时又能在能量代谢中使无氧代谢的比例减少到最低限度,减少乳酸的产生。无氧阈速度的效果是使肌群中的快肌和慢肌都得到使用,使得两方面肌纤维群的有氧能力得到改善(表5-2)。

表 5-2 阈值耐力练习的作用

主要作用	次要作用
增加最大摄氧量的利用率	增加每搏输出量和心输出量
加快乳酸从肌肉和血液中的排出速度	增加血液总量
增多慢收缩和快收缩肌纤维周围的毛细管数量	增加肺毛细管数量,改善血液分流状况
增加慢收缩肌纤维和快收缩肌纤维内的肌红蛋白和线粒体数量	增加最大摄氧量,特别可增加快收缩肌纤维的最大摄氧量

(三) 超负荷耐力(最大摄氧量)练习

这种类型的耐力练习组合,要求学生要超出个体无氧阈速度来完成。此形式的练习非常接近实际比赛的代谢状态,这类练习属较深度的无氧练习,并会产生严重的酸中毒。也是最适合提高最大摄氧量的练习,因此也称之为最大摄氧量练习。

(四) 3种耐力训练的区别与应用

根据以上3种强度的说明,在游泳耐力练习中以无氧阈速度为基准,上下各一级强度的区分和具体练习情况如表5-3所示。

表 5-3 3 种耐力练习比较

类型	基础耐力练习	阈值耐力练习	超负荷耐力练习
重复距离	50～1000 米	50～1000 米	50～1000 米
总距离	500～1000 米	500～1000 米	500～1000 米
速度	最大 100 米速度加 15～20 秒	最大 100 米速度加 10～15 秒	最大 100 米速度加 5～10 秒
血乳酸水平	3 毫摩尔/升及以下	3～5 毫摩尔/升	4～6 毫摩尔/升及以上
心率	150 次/分及以下	150～180 次/分	180～220 次/分
休息时间	10～30 秒	20～60 秒	40～120 秒

二、速度练习

速度练习不仅有助于提升参加短距离比赛的学生竞技能力，而且也有助于参加中距离，甚至长距离比赛的学生竞技能力的提高。提高短距离冲刺和爆发力能力有利于提高短中距离学生轻松快游的能力，即比赛时，以较少的力量、较快速度游进的能力。同时，这种能力也可提高中长距离学生终点冲刺时的打腿能力，即提高比赛进入终点段的快速冲刺能力。

（一）耐乳酸练习

耐乳酸练习的目的是提高乳酸生成而产生肌肉疲劳时的耐受能力，练习目的是提高速度耐力，加强比赛的后半程能力。

耐乳酸组合的举例：

1. 总距离：500～1500 米。

2. 重复距离：50～200 米；重复 2～12 次，25～60 秒。3～6 组为宜。

3. 休息：长距离重复游，休息 5～15 分钟；短距离重复游，休息 5～30 秒；速度与间歇 1∶2。

4. 速度：全力或 100 米、200 米长池赛速度。

（二）乳酸生成练习

乳酸生成练习的主要目的与耐力练习的目标正好相反。耐力练习的第一目的是减少乳酸堆积率；而乳酸生成练习的目标是提高乳酸堆积率。

乳酸生成组合的举例：

1. 距离：200～1000 米，1～3 组。

2. 重复距离：25～100 米。

3. 休息：1～3 分钟。

4. 速度：最大速度或 50 米、100 米比赛速度。

（三）爆发力练习

爆发力练习能够增加肌肉爆发力，提高学生高速游的能力。速度练习是以提高最大速度为目的的练习。

1. 距离：50 米以下（10～50 米不等）短距离为宜，总距离 200～300 米。
2. 速度：比赛速度或者比赛速度以上的速度。
3. 休息：0.5～5 分钟。
4. 周总距离：1500～2000 米。

以上 3 种无氧代谢能力练习的差异性参见表 5-4。

表 5-4　3 种无氧代谢能力练习的差异

类别	目的	重复距离/米	休息时间/分钟	总距离/米
耐乳酸练习	耐乳酸	50～200	5～15	500～1500
乳酸生成练习	乳酸生成	25～100	1～3	200～1000
爆发力练习	爆发力	10～50	0.5～1	200～300

三、游泳练习内容的平衡搭配

在游泳练习中，各种练习内容的合理搭配是取得成功的关键，特别是在周练习中，耐力练习、速度练习的比例至关重要，表 5-5 列举了课练习中各种练习内容的参考标准。

表 5-5　课练习中各种练习内容与负荷比例表

练习类型		距离/米	占距离比例/%
准备活动		100～200	2
打腿		200～400	6
耐力练习	基础	400～800	56
	阈值	400～800	
	超负荷	200～400	
速度练习	耐乳酸	200～400	36
	乳酸生成	200～400	
	爆发力	100～200	

第三节　游泳练习的主要方法和手段

学生常用的练习方法和手段各种各样（表 5-6），各种练习方法均可分别在陆地上或水中进行。

表 5-6　游泳常用练习方法

地点	练习方法	目的	常用手段
陆上	循环练习	根据手段不同可练习各种能力，多用来练习一般素质	多站式循环，可采用持续、间歇或循环形式，例如仰卧起坐、引体向上、拉力等
	持续或静力练习	根据手段不同可练习各种能力，多用来练习一般耐力或柔软性	长跑和静力肌肉牵拉
	间歇练习	根据手段不同可练习各种能力，多用来练习耐力或速度耐力	拉力、腹肌练习等，控制次数和间歇时间
	重复练习	根据手段不同可练习各种能力，多用来练习速度、速度耐力、力量等	多采用负重方式，例如举重
水中	持续练习	多用来练习一般耐力	长距离游、打腿、划手分解等
	间歇练习	多用来练习耐力或速度耐力	配合游、打腿、划手、分解游等
	重复练习	多用来练习速度、速度耐力、水中专项力量等	配合游、打腿、划手、分解游、负重牵引等
	短冲练习	多用来练习速度和爆发力	配合游、打腿、划手、分解游、负重牵引等

此外，游泳练习方法以组织形式划分，可以分为持续练习法、间歇练习法、重复练习法和短冲练习法等；如以能量代谢来划分又可以分为有氧练习方法和无氧练习方法等。

游泳水中练习方法的组成要素主要包括练习距离、重复次数、练习强度、间歇时间、完成练习的形式以及间歇形式等。其中一个或多个要素的变化可使练习的性质产生相应的变化，形成不同的练习方法。

一、主要游泳练习方法

竞技游泳练习主要是以持续游和间歇游的方法为主，采用各种练习手段来发展学生的有氧和无氧能力。

（一）持续游练习法

持续游练习法大体分为 2 种，一种为匀速持续游，一种为变速持续游。匀速持续游大多数情况下是以脂肪代谢为主，进行较低强度的长时间练习。变速持续游是在轻松游之间插入距离较短的提速游，是从以脂肪代谢为中心的练习，但要在练习过程中的某一段时间内增加糖质代谢比例，从而产生乳酸，后再转为脂肪代谢的一种练习方法。

（二）间歇练习法

间歇练习法是在游泳强化练习中最为普遍的，该练习方法能够有效控制运动强度，从而达到练习目的。

间歇练习法有很多种练习手段，见表 5-7。但基本原则是保证强度质量，强度越高，相对应的间歇时间也要延长。因为强度的提高，需要时间来恢复运动所消耗的 ATP，反之，间歇时间短的话则很难维持强度要求。但是，人的身体是具有适应性的，通过科学的练习可以达到提高身体机能的效果。例如保持游速缩短间歇时间的练习方法，是要求学生保持较高游速的基础上，不断地减少恢复身体机能的时间。通过几周反复的练习之后学生的机体会产生适应性变化，在同样的强度下短间歇也能够获得氧分，提高 ATP 再合成的能力。在此基础之上，再应用逐渐提高游速并延长间歇时间的练习方法，与之前相比，就有可能生产出更多的 ATP，对游速的提高会有一定的帮助。

表 5-7 间歇练习方法举例

目的	具体手段
保持相同的重复距离、速度和间歇时间	10×100 米（每个 100 米 1 分 30 秒完成，间歇时间相同）
保持游速，逐渐缩短间歇时间	5×100 米（每个 100 米 1 分 30 秒完成，间歇时间逐渐缩短）
逐渐提高游速并延长间歇时间	5×100 米（第一个 100 米 1 分 40 秒完成，第二个 1 分 35 秒完成；间歇时间逐渐延长）
负分段游（后程比前程快）	5×100 米（每个 100 米 前 50 米 50 秒后 50 米 40 秒完成）

（三）短距离冲刺练习法

短距离冲刺练习有 2 个主要目的，一是提高短冲的最大速度，使学生在比赛中游得更快；二是提高缓冲能力，使学生比赛的速度接近最大速度。

耐乳酸练习和产乳酸练习也可以通过较短距离、较高强度、较长间歇时间的短距离冲刺练习法实现，这里重点介绍爆发力练习。

爆发力练习是指用超短的距离和时间提高游泳需要的肌肉力量和速度的练习。制订爆发力练习计划的原则：

1. 总距离：50～300米，一次练习中可以重复3～6组。
2. 重复距离：10～12.5米，或者4～8次全力配合动作。陆上可以进行快速卧推和拉力器快速拉力的练习。
3. 间歇时间：水中练习间歇0.75～2分钟，陆上练习组间间歇2～3分钟。
4. 速度：最大速度，划频不低于50米比赛的划频。并保持一定的划幅。

表5-8为爆发力练习组合示例。

表5-8 爆发力练习组合示例

主项练习	混合姿势、混合距离练习	陆上力量练习
8×12.5米主项练习，以最快速度冲刺完成，每组之间放松游2～3分钟	混合姿势10×25米，以不同姿势最快速度冲刺完成，每组之间放松游2～3分钟	3组6次以最快速度完成模拟划水拉力练习
6×10米主项划水动作以最快速度冲刺完成	6次划水周期的最快速度冲刺，然后放松游完剩下的距离	4组8次小重量卧推练习，以最快速度完成
5×15米，5×25米主项练习，以最快速度冲刺完成，每组之间放松游2～3分钟	混合距离5×15米，5×25米，以不同姿势最快速度冲刺完成，每组之间放松游2～3分钟	3组10次快速纵跳

二、游泳练习常用手段

游泳练习最终是由各种各样的练习手段表现出来的，我们可以根据练习的需要及目的，灵活并有效地利用下面的练习手段（表5-9）制订丰富的练习计划。

表5-9 常用游泳练习手段

编号	名称	详述
1	热身（准备活动）	为练习做最初的身体准备。使身体适应水中感觉的同时，确判当日的身体状态
2	放松	为缓解当日练习的疲劳，而最后进行的慢游、放松游
3	配合	4种泳姿的配合练习
4	打腿（专项腿部练习）	通常是扶打腿板进行。练习内容是4种泳姿的打腿练习

续表

编号	名称	详述
5	划手	使用夹腿板和划水掌进行的臂部练习。也有不使用划水板进行划手练习的情况
6	划水板和脚蹼	同时使用划水板和脚蹼进行配合游。多应用于速度练习及提高专项力量
7	技术练习	为掌握相对正确、有效的游泳技术而反复进行的分解游等基础练习。感受水流变化、水感等技术练习
8	递增速度游	由慢到快,逐步加快游速,最后一个游程用最大速度完成
9	身体姿势练习	矫正或控制游进中身体姿势的练习
10	全力游	用85%~90%以上的力量完成,接近最快速度游进
11	心率	练习目标心率,一般以10秒心率为标准
12	控制呼吸	控制呼吸练习法是在保持速度的前提下,3次划水1次换气、5次划水1次换气,变换循环
13	打腿练习	打腿练习时,不使用打腿板,注意保持身体的流线型姿势
14	跳出发游	出发和速度练习。要求集中注意力,完美地起跳、出水、全力游
15	模拟比赛练习	与实际比赛状况相同的练习手段。为达到比赛准备的目的,需要进行比赛速度和比赛配速等方面练习
16	成绩测验	用全力游来测定现水平成绩或者设定目标成绩
17	最大摄氧量练习	有氧系统、乳酸练习,强化速度耐力。游速快间歇短
18	耐乳酸练习	无氧系统、耐乳酸练习。强化高乳酸下的耐受力、缓冲能力及成绩预测和监控的目的。要求从第1个练习开始就竭尽全力,使乳酸快速升高,尽最大努力保持成绩,完成设定的目标成绩
19	握拳游	由于手不能充分地抓水,从而练习整个手臂的划水感觉
20	举手游	仰泳、自由泳的练习中一只手前伸,另一只手与水面垂直上举,保持住身体姿势,做自然并强有力的打腿练习
21	抬头游	头尽可能地上抬,游时注意移臂和入水。以纠正身体姿势、高肘抱水和练习深而有力的打腿为目的
22	变换旋转练习	右侧侧打腿6次做1次划手,摆动到左侧之后再做6次侧打腿,反复变换游。重点体会身体左右旋转
23	单臂划水练习	一只手臂放在体侧,另一只手臂做"抱水-划水-推水-空中移臂-入水"各部分动作。应用于仰、蝶、自划水练习
24	侧打腿练习	身体侧向打腿练习。打腿要求自然、有力,尽量地保持住身体姿势,抬高身体位置
25	身体姿态练习	身体做出最佳流线型,潜入水中打腿,浮出水面换气后,再潜入水中练习

第四节　陆上练习简介

游泳训练中，学生同样需要陆上练习来提高专项能力和一般能力。专项能力包括速度、耐力、力量、灵敏等与比赛能力密切相关的素质。学生的陆上练习可以在专用的综合练习房进行，也可以在池边利用简单的器材进行。重点是将练习与游泳技术和比赛需要的能力紧密结合。

一、徒手支撑练习

这部分练习主要提高核心部位的力量和平衡能力，对水中控制身体姿势有重要作用。包括单人练习和双人练习。这类练习可以在池边进行，重点是身体姿势的控制。可以根据学生的水平设置支撑时间或重复次数，也可以编排为成套操，重复练习。

二、实心球练习

实心球是一项以力量为基础，以动作速度为核心的投掷项目。经常练习实心球可以发展爆发力，特别对上肢力量及腰腹力量帮助较大。实心球练习通常以双人练习为主，二人采用不同姿势抛接，练习时主要以躯干发力，传递到手腕，再加速掷出。

三、小肌肉群力量练习

所谓小肌肉群是指大肌肉群下深层的肌肉，而游泳项目中主要运用到的小肌肉是肩袖上的小肌肉群。所谓肩袖是指冈上肌、冈下肌、小圆肌和肩胛下肌这4块肌肉，因为它们像肩部的袖子一样包裹肩部，又叫肩胛旋转袖，对肩部的功能和稳定起着极其重要的作用。肩部又是游泳中最重要的关节之一，所以它周边小肌肉群力量的发展可以起到保护肩关节的作用，还可以提高肩关节整体的力量。小肌肉群的练习可以借助橡皮筋的弹力进行。

第五节　游泳练习计划的制订

一、周练习计划

普通学生的练习计划都由若干阶段组成，每个阶段的练习单位就是周练习计划。周练习计划的制订主要包括两个方面。首先，要包括所有必要的练习类型，并确定各类型练习的练习量。其次，本着让学生从这些不同类型的练习中得到最大收益的原则，周练习计划要确定好各练习类型在一周内进行的先后顺序。

（一）制订周练习计划的原则

（1）每一周的练习计划都应该包括所有类型的练习，即耐力、爆发力和恢复练习。各类型练习的练习量和练习强度取决于所属大周期和中周期练习安排。

（2）在针对耐力或爆发力练习时期，每周安排3～4次主要的强度耐力练习或爆发力练习；在非耐力或爆发力针对练习时期，每周至少安排2次主要的强度耐力练习或爆发力练习。这些主要的练习应该贯穿于整个练习周，以保证有足够的时间用来恢复糖原和修复组织。

典型的周计划是从星期一到星期五每天练习1次，星期六练习1次。安排周计划有2种方法。一种是交替法，每隔一天安排一次速度耐力或较长的无氧练习。另一种为组合法，即连着安排2天这种练习，之后安排1～2天的恢复时间。

（二）用交替法安排周练习计划

表5-10是用交替法安排的周练习示例。因为速度耐力练习和无氧练习需要消耗更多的肌糖原，所以首先安排。速度耐力练习安排在星期一、星期三和星期四。星期六安排一次较长的无氧练习，因为星期六练习后就可以休息一天。这样安排就可以使身体得到有效恢复，肌糖原得到补充。速度耐力练习可以安排较短的速度练习、基本技术练习和基础耐力练习。2次速度练习分别安排在肌糖原得以部分恢复时，即星期二和星期五，这样可以保证速度练习的效果。

表5-10　以交替法安排的周练习计划

时间	练习内容
星期一	速度耐力练习
星期二	速度练习
星期三	速度耐力练习

续表

时间	练习内容
星期四	速度耐力练习
星期五	速度练习
星期六	无氧练习

这样安排主要练习内容，就不会影响在其他时间安排短冲练习或中等数量的基础耐力练习。一些特殊的速度练习手段，如顺势速度牵引或抗阻速度牵引等也可以每周安排2～3次。

（三）用组合法安排周练习计划

表5-11是采用组合法安排的周练习计划示例。速度耐力练习和速度练习安排在同一堂练习课中，速度耐力和速度组合练习安排在星期五和星期六，之后有36～48小时的时间可以补充肌糖原。基础耐力练习安排在星期一，星期二和星期三进行速度耐力练习。速度练习安排在星期四。

表5-11 以组合法安排的一种周练习计划

时间	练习内容
星期一	基础耐力练习
星期二	速度耐力练习
星期三	速度耐力练习
星期四	速度练习
星期五	速度练习、速度耐力练习
星期六	速度练习、速度耐力练习

这样的安排一般适用于练习的中期阶段，主要练习内容的练习量和强度都有显著的增加，身体的超量恢复明显。

二、课练习计划

周练习计划确定后，就要着手安排每天、每课练习计划中各类型的主要练习，同时也要包括一些辅助练习和其他练习活动。

（一）每课练习计划中主要内容

（1）陆上练习。

（2）水中热身练习。

（3）技术练习。

（4）提高有氧能力、有氧和无氧肌肉耐力、无氧力量的主要练习，或以上3种能力的组合练习。

（5）局部练习，例如划手或打腿练习。

（6）提高重要比赛技术的额外练习，例如水下蝶泳打腿。

（7）提高有氧能力，有氧和无氧肌肉耐力，以及无氧力量的若干额外辅助练习。

（8）恢复练习。

（9）调整练习。

任何练习课的练习计划都应该首先从热身开始。高质量的热身能够充分地让氧气输送至全身各个肌肉，提高肌肉的弹性和活动范围。热身练习至少要维持10～15分钟。

技术练习通常出现在练习课开始阶段，此时学生还没有进入疲劳状态，而且心理动机和注意力水平较高。技术练习中应使用比赛游速。

恢复练习内容通常应该在练习课临近结束时进行，之后可能会出现乳酸中毒和糖原耗竭的情况。因此主要练习内容结束后，应该安排长距离的恢复练习。

提高速度或力量的辅助练习，应该安排在练习课开始阶段，学生此时没有出现乳酸中毒或糖原耗竭，可以更好地全力投入此类大强度练习。

另外，可以将若干组恢复练习穿插在主要练习内容以及辅助高强度练习之间，以缓解学生在大强度练习后出现的肌肉乳酸中毒。每次练习课即将结束之前，都应该进行10分钟，甚至更长时间的调整和恢复练习，加快乳酸从肌肉中移除的速率，并将营养更快地输送至肌肉。

提高柔韧性和技术的陆上练习，最适宜安排在水上练习之前进行。

表5-12是一堂练习课的练习计划范例。这堂练习课的主要目的是提高中长距离学生的基础耐力和速度耐力，包括基础耐力水平和产乳酸练习。

表 5-12 练习课练习计划范例

序号	内容	负荷量/米	方法
1	热身	100～200	200米自由泳放松游或100米混合泳
2	技术练习	400	2×200米握拳游或2×200米单臂游
3	基础耐力练习（打腿练习）	600	2×200米扶板打腿、1×200米徒手打腿
4	基础耐力练习（划手练习）	600	2×200米夹板划手、1×200米不夹板划手
5	速度耐力练习	1000	10×100米递增速度游
6	放松练习	400	2×200米非主项放松游

练习开始阶段，首先进行200米热身练习，依次可采用200米自由泳放松游或100米混合泳。热身练习也有助于提高有氧能力，为随即进行的更高强度的练习做好准备。

接下来的内容为技术练习和基础耐力练习，以低强度基础耐力速度完成。这3

个练习的目的是在不造成疲劳的前提下，提高划水、打腿技术和基础耐力。将这个练习安排在练习课开始阶段，而不是在临近结束阶段进行，是因为学生注意力更集中，从而提高对划水、打腿技术的感知，而且可以避免以恢复速度进行练习。如果将这个练习安排在一组或多组高强度练习之后，学生很容易分散对划水、打腿技术的注意力，而且容易以恢复速度练习。

速度耐力练习紧随其后进行，学生可以在疲劳未恢复的状态下以全速完成这个练习，目的为在快肌纤维过大负荷的前提下，提高机体耐受乳酸的能力。

本堂练习课的主要练习内容为超负荷耐力 10×100 米递增速度游练习。将这个练习安排在练习课后期，以避免乳酸中毒和疲劳对之前的练习产生影响。也可以将这个练习时间提前，但一定要在结束后进行恢复练习，以帮助学生在随后的快速练习之前，缓冲乳酸反应。练习课最后的内容为 400 米放松恢复练习。

第六章

蛙泳

第一节 蛙泳起源与技术发展趋势

一、蛙泳的起源

蛙泳是模仿青蛙活动的一种游泳姿势,是最古老的游泳姿势,据现有的资料记载,早在 2000~4000 年前,中国、罗马、古埃及就已有类似这种姿势的游泳。在游泳刚成为比赛项目的时候,只以速度快慢来评胜负,不限姿势,由于蛙泳速度较慢,在比赛中受到了排挤,一时无人采用此技术。

但蛙泳也有一些独特的优点。如蛙泳的呼吸比较容易掌握,而且每个动作周期结束后都有一定的滑行放松时间,所以较容易学会。在掌握动作节奏后很快就能用较少的能量游较长的距离。此外还便于观察前方,在实用游泳如救生等领域有重要的地位。

后来,由于蛙泳在日常生活中实用价值很大,流传很广,为了保留这种姿势,在比赛中把各种游泳姿势分开进行,这使蛙泳技术到了迅速的发展。

二、蛙泳技术发展趋势

随着技术的不断改进,蛙泳技术进入一个群雄逐鹿的时代。经过不断地演进和发展,蛙泳技术的革新更加注重减小阻力并使身体协同发力,当前蛙泳技术的发展具有以下特征。

(一)身体起伏曲线合理

蛙泳技术最重要的一个特征就是注重肩的前伸和手臂的积极抓水。而如果使肩及上体加速前伸,需要身体起伏高度适中,过高会影响发力方向,过低会减少冲量,整个身体贴近水面则会增加摩擦阻力减缓速度,也为下肢动作造成不必要的负担。

从目前竞技蛙泳的走势来看,波浪式蛙泳被众多选手所采用,平式蛙泳基本淡出我们的视线,起伏的高度也根据每个人的身体条件各有差异,但身体重心应保持相对稳定。

(二)晚呼吸

竞技蛙泳技术的另一特点是晚呼吸技术,优秀蛙泳运动员在向内划水阶段头随身体向上起伏自然吸气、呼吸、前冲,动作一气呵成,减少水面停留时间,快速入水进入高速滑行阶段。

(三)身体波浪式起伏,注重躯干核心能力

蛙泳游进时,手臂和腰部首先发力,身体起伏、借助蹬夹腿产生的冲力前冲,通过躯干传导至上体,臂部伸直高速滑行。从动力学的观点来看,躯干作为上下肢的连接,是蛙泳游进时发力的中心及力量传递的核心,将运动员上下肢动作产生的效果协调统一。

(四)螺旋状蹬腿技术

蛙泳腿作为推进力的主要来源,越来越受到教练员及运动员的重视,大量资料显示,优秀蛙泳运动员的腿部技术呈螺旋状进行,在 4 个方位变化,即向外、向下、向后、向上,同时在夹水阶段脚踝也发力参与到动作当中,产生第 2 次加速。

第二节 蛙泳技术

一、蛙泳身体姿势和腿部技术

蛙泳的身体姿势在游进过程中随着手臂、腿部、呼吸动作的变化而不断改变,因此没有固定的身体姿势。

(一)蛙泳身体姿势

由于蛙泳水下移臂和收腿动作给身体带来的阻力,蛙泳的前进速度不像爬泳和仰泳那样均匀。对蛙泳来说,如何减小阻力就显得比其他泳姿更为重要。为减小身体遇到的阻力,应注意在整个游程中通过收颌、微耸肩、四肢尽量伸展来保持流线型,减小阻力(图 6-1)。

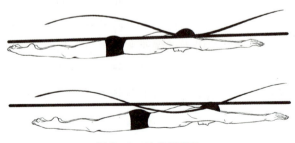

图 6-1 流线型泳姿

在手臂开始划水之前,头部与身体保持一条直线,眼睛注视池底,两手臂和肩

前伸，略向下压肩、压胸，使髋关节和双腿漂在水面较高的位置，身体应有"顺下坡滑行"的感觉。

在手臂划水产生推进力的阶段，身体应该尽可能保持流线型。髋关节接近水面，与身体和腿保持在一条线上。腿和脚要并拢且伸展。蹬腿过程中，脸部和躯干应没入水中，躯干保持水平（图6-2）。

图6-2 蛙泳手臂和躯干的配合

目前，多数蛙泳运动员采用了身体呈波浪状起伏的姿势。当手臂划水时，肩部自然升高，使嘴露出水面吸气。吸气没有刻意抬头，眼睛仍然看下方，下颌微收。划水结束，手臂前伸时，身体拱起，借助蹬腿产生的推进力，头和肩平滑地潜入水中。一个动作周期结束后，手脚伸直并拢，身体恢复到长流线型。

肩的波浪形轨迹大部分时间是在水面上的，在水下的时间很少，而且只在水下数厘米深。肩潜入水下的目的是使臀部和腰部上升到较高的位置。臀部的轨迹也是对称的波浪形，但波幅要小很多。当肩部达到最高点时。臀部正好在最低点（图6-3）。

图6-3 蛙泳肩臀的配合

尽管肩、髋呈规则的波浪起伏，但身体重心应保持相对稳定。即重心呈直线型，跳跃式的重心变化不但会增加游进时的阻力，还会加长游进的距离。

（二）蛙泳腿部技术

蛙泳的腿部技术不仅起到保持身体平衡的作用，还是蛙泳技术中主要推进力来源。腿的动作可分为几个部分，即收腿、外翻和蹬夹、滑行，但它们其实是紧密相连的完整动作。

1. 收腿

收腿是指两腿和两脚从伸直并拢开始，到逐渐收到接近髋部，做好蹬夹水准备的过程。这个阶段不产生推进力，却是必要的准备阶段。由于收腿会给身体带来阻力，因此要考虑如何减小阻力。由于划水和呼吸的原因，开始收腿时头、肩和上体向上倾斜，因此髋关节和大腿、膝关节略下沉。收腿时屈膝屈髋，两膝边向前收边逐渐分开，踝关节伸展，小腿和脚跟在大腿和臀部的后面，在髋关节的投影截面内轻松地前收，以减小阻力。当脚跟接近臀部时停止收腿（图6-4）。

图6-4　蛙泳的收腿动作

2. 外翻和蹬夹

外翻对蛙泳腿效果起着重要的作用，包括向外翻脚和翻小腿。收腿结束时，足跟位于臀部的上方，两脚之间的距离宽于两膝之间的距离。此时向外翻脚，使脚尖朝外，同时膝关节内旋，使脚和小腿内侧对准蹬水的方向。蹬腿开始时，小腿与水面几乎垂直，脚踝位于水面下，外翻接近90度，这个角度是蹬水的最佳角度。

蹬夹水时，为获得较大的蹬水截面，小腿和脚内旋，位于大腿的外侧，通过大腿的内旋和伸髋使大腿带动小腿向后蹬水。当膝关节接近伸展时，小腿和脚掌继续向下和向后蹬水，腿在向后蹬的同时向中间夹紧。在夹水的最后阶段，两脚从勾到绷，这个动作要完成得快速有力，才能表现出鞭状动作效果。在蹬夹动作接近完成，两脚接近并拢时，两腿自然地从水下上摆到接近水面的位置，使腿与躯干保持直线，准备滑行及下一次收腿。蹬夹腿结束时两腿应并拢伸直，踝关节伸直。蹬夹水要加速完成（图6-5）。

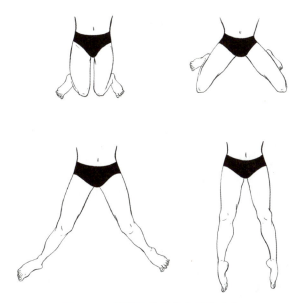

图 6-5　蛙泳腿的外翻和蹬夹动作

3. 滑行

蹬夹动作结束后，由于蹬腿的惯性作用，两腿有一个短暂的滑行阶段。在滑行之前，应先迅速将腿脚升高到与水面平行的位置，减少滑行时的阻力。滑行过程中两腿应尽量伸直并拢，腿部肌肉和踝关节自然放松，为下一个动作周期做好准备。

三、蛙泳划臂及呼吸技术

蛙泳臂划水可以产生较大的推进力，现代蛙泳技术更加强调臂划水的作用。为了便于分析技术，根据划水过程中用力方向的变化将臂部动作分为 3 个阶段，即向外划水和抓水、向内划水、伸臂。

（一）蛙泳向外划水和抓水技术

划水开始之前，两肩前伸，两臂伸直，与水平面平行，掌心向下，身体充分伸展并保持流线型。两臂边内旋边同时对称地向外后划水。两手分开超过肩宽时，手臂略外旋，屈肘、屈腕，开始抓水，手掌从朝向外后方转为朝向外后和下方（图 6-7①②），此时手掌和前臂已有抓住水的感觉。抓水能产生一定的推进力，但其主要目的是给后面的划水创造条件。并对躯干上部有支撑平衡的作用。

随着两臂的继续外分，手臂旋外，逐渐加大屈肘程度，手沿螺旋曲线向下、向后和向外划水。向外划水开始以后，划水速度逐渐加快，当两手在体下划到最低点时，向外划水结束，转入向内划水阶段（图 6-7③）。

图 6-7 蛙泳的划臂动作

(二) 蛙泳向内划水技术

向外划水结束后,手臂外旋,手先沿螺旋曲线向内、向下和向后划水,然后随着手臂的继续外旋向内、向上和向后划水。向内划水结束时,手上升到与肘齐平的位置。

向内划水所产生的推进力是划水过程中最大的。在向内划水过程中,手掌的攻角(即手掌在水中相对水平方向的角度变化)在不断地变化,从向外和向下转为向内和向上。肘关节也应随手的动作向下、向内、再向上运动,在内划即将结束时,应在胸前做夹肘动作。

向内划水是由手引导肘的连贯动作。如果两肘向内划水早于两手,手的运动方向就会被迫从向内和向后转变为向内和向前,导致手的向内划水阶段提早结束,进入伸臂阶段,从而减小了推进力。

由于内划阶段的推进力大,因此应尽量延长手内划路线,使双手在胸前接近合拢时再开始伸臂,过早进入伸臂阶段,将增大身体对水的投影面积,增大阻力,同时也削弱划臂的推进力。

(三) 蛙泳伸臂技术

伸臂是在向内划水的基础上进行的。当两手在胸前接近并拢时开始前伸,通过向前伸肘和伸肩,两臂前移至伸直姿势。伸臂时应两手并拢,手腕自然伸直,肩肘伸展,手臂呈流线型沿直线前伸。

波浪式蛙泳的内划和伸臂均需借助躯干的协同用力来完成。借助内划产生的向前向上的反作用力使胸背部反弓,将上体的肩背部拉出水面,伸臂的部分过程就可在水面上完成。当手臂开始前伸时,胸背部从反弓转为向前上方拱起。胸背部的拱起与蹬腿的配合协助伸臂完成,并使身体呈流线型鱼跃前扑。

现代蛙泳技术的伸臂速度很快,尽量减小身体的阻力面。伸臂时肘关节要在接近水面的位置前伸。前伸应充分,以利于下一个周期的抓水动作。

伸臂过程中,手应尽量向前展。向内划水时肘关节要收得紧一些,路线短一些。肩关节在开始向外划水时要伸展,向内划水结束时含胸提肩,为伸臂前冲做好势能准备。

（四）蛙泳手臂与呼吸的配合技术

蛙泳每划水1次吸气1次。优秀运动员通常在向内划水接近结束时吸气，伸臂后半段呼气，通常被称为晚呼吸。这种技术抬头和吸气时间短，身体重心和浮心失去平衡的时间短，因而阻力小。

波浪式蛙泳的吸气并不需要刻意向上抬头。而是随着肩和躯干向上向前的波浪动作，头自然地露出水面吸气。由于没有突然向上抬头，不会破坏身体前进的动量和身体的流线型。在吸气结束时，头还可以通过前摆插入水中减小阻力，引导伸肩和躯干的波浪动作。

四、蛙泳完整配合技术

（一）臂、腿配合

蛙泳臂和腿配合技术最为复杂。为了保持游进速度的均匀性，臂、腿的配合应尽量使游进过程中每一动作周期内的每个阶段都有推进力产生并保持。波浪式蛙泳臂和腿的配合时机是，当手臂前伸到3/4时腿开始蹬夹水。此时头和躯干正在前冲，快速蹬夹水能够协助完成前冲并使身体保持在水面上。因此，蹬夹水的时机一定要精确地把握，否则会破坏配合的节奏。

手臂向内划水结束并前伸时，双肩应尽量靠近，前冲过程才能够快而远。在划水已经结束而蹬夹水尚未开始时，前冲动作是维持身体前进的动力。

臂、腿配合中，手臂的动作速度决定了腿的速度。因为身体前进的起始速度是划水获得的，之后前冲和蹬水动作协同划水使身体前进。划水、前冲和蹬水互相支持，互相配合，形成稳定或加速的波浪动作。如果某一个环节的速度稍慢，就会破坏整个波浪动作。

（二）呼吸配合

波浪式蛙泳的呼吸是随着肩和躯干向上、向前的波浪动作，头自然前伸，露出水面吸气，这样不仅不会破坏身体前进的力量，而且还能使身体保持流线型，并且头和肩离开水面已经不仅是为了吸气，还是组成波浪动作的重要成分。蛙泳臂、腿、呼吸的配合多采用1∶1∶1的方式，即每划水1次，蹬腿1次，吸气1次（图6-8）。

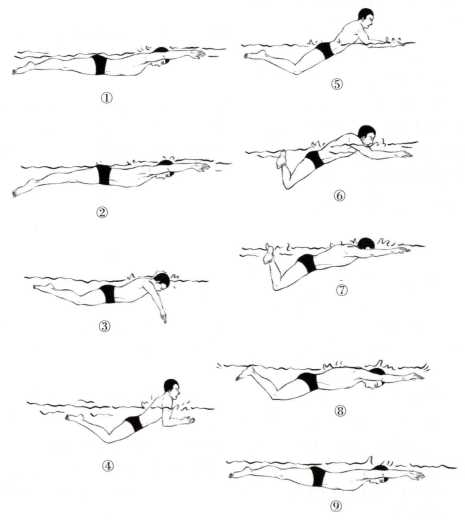

图 6-8 蛙泳臂、腿、呼吸的配合

第三节 蛙泳的动作要点及练习方法

蛙泳是模仿青蛙游泳动作的一种泳式，由于蛙泳动作省力，抬头呼吸容易，很多初学者喜欢学习蛙泳。

一、蛙泳腿的动作要点及练习方法

(一) 动作要点

1. 收腿

屈膝收腿,把脚跟沿水面向臀部靠拢,小腿要躲在大腿后面收腿,而且还要慢收腿。收腿结束时,两膝与肩同宽,小腿与水面垂直,脚掌在水面附近。

2. 翻脚

两脚距离大于两膝距离,两脚跟靠近臀部,脚尖朝外,脚掌朝天,小腿和脚内侧对准水。从后面看像一个英文字母"W"。

3. 蹬夹水

实际上是腿伸直的过程(展髋、伸膝),由腰腹和大腿同时发力,以小腿和脚内侧同时蹬夹水,先是向外、向后、向下,然后是向内、向上方蹬水,就像画半个圆圈。向外蹬水和向内夹水是连续完成的,也就是连蹬带夹,蹬夹水完成时双腿并拢伸直,双脚内转,脚尖相对。

4. 滑行

双腿并拢伸直后有一个短暂的滑行过程(图6-9)。

(二) 练习方法

1. 陆上模仿练习

(1) 勾绷脚练习。坐在地上,双腿伸直,做勾脚和绷脚(芭蕾脚)的练习。勾脚时要求脚尖朝天,绷脚时脚尖指向水平方向。重点是要明白什么是勾脚和绷脚(图6-10)。

(2) 翻脚练习。坐在地上,双腿伸直,勾脚。双脚由内向外旋转。动作幅度尽量大,结束时是绷脚,大脚趾碰在一起(图6-11)。

(3) 俯卧蛙泳腿。俯卧在凳子上或泳池边。有时由于条件限制,让学生俯卧在地上做,这样只能收小腿和体会翻脚的动作。最好的方法是半陆半水的俯卧蛙泳腿练习,即双手前伸,上体俯卧在池边上,髋关节在池沿处,双腿在水中,仍按收、翻、蹬、停4拍做动作(图6-12)。做此练习已经没有了视觉的帮助,需要完全用感觉来完成动作。

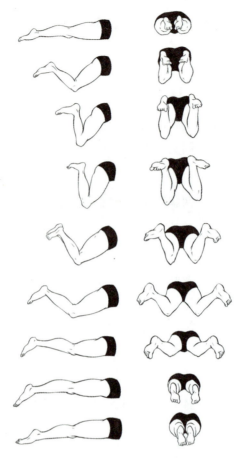

图 6-9 蛙泳的腿部动作

图 6-10 勾绷脚练习

图 6-11 翻脚练习

图 6-12 俯卧蛙泳腿练习

2. 水中练习

（1）扶池边蛙泳腿。由于身体全部浸入水中和浮力的作用，有的人会害怕，这时可以睁开眼睛，看着水中周围的情况，这样可以减少一些害怕的心理。更重要的是扶池边的蛙泳腿，可以结合呼吸进行练习。

（2）徒手蛙泳腿。学生掌握蹬壁滑行和蹬地滑行后，可以在此基础上进行徒手蛙泳腿练习，练习过程中低头憋气，根据个人水平 1 次呼吸做 3～5 次蛙泳腿，结束后落地站稳，然后继续蹬地漂浮做蛙泳腿练习，此方法适用于还未掌握蛙泳换气方法的蛙泳初学者，同时需要在浅水区进行练习。

（3）扶板蛙泳腿。如果是在深水进行学习。在熟悉水性阶段，因为少了一步漂浮滑行的教学，这时进行扶板蹬蛙泳腿的练习是第 1 次脱离池边，学生会表现出怕水的心理。可先做半陆半水的模仿，身体在岸上，腿在水中，双手拿着板子做，这样更像水中扶板蹬腿练习的情况。按照收、翻、蹬、停的顺序做，在停的时候抬头换气，用力吐气。停的时候可坚持3秒，换完气低头后再收腿。有一点是必须突出强调的：先低头，后收腿。第1次扶板蹬腿，可以做抬头的蛙泳蹬腿，第2次练习必须加上呼吸动作，做腿和呼吸的练习。

二、蛙泳划臂的动作要点及练习方法

（一）动作要点

1. 外划

双手前伸，手掌倾斜大约45度（小拇指朝上）。双手同时向外向后划，继而屈臂向后下方划。

2. 内划

掌心由外转向内，手带动小臂加速内划，手由下向上并在胸前并拢（手高肘低、肘在肩下）。

3. 前伸

双手向前伸，肘关节伸直。外划是放松的，内划是用力的、加速完成的，前伸是积极的。

4. 呼吸

初学者一般采用早呼吸的方法，即外划时抬头换气，内划时低头稍憋气，前伸时吐气。

（二）练习方法

1. 陆上模仿练习

（1）站立蛙泳划臂。身体前倾，双脚开立站立，双手向前伸直。按照划手（外划）、收手（内划）和前伸的顺序练习（图6-13）。

（2）站立蛙泳划臂加呼吸。站立姿势同上。按照抬头吸气、收手低头憋气和双手前伸吐气的顺序练习。

（3）深水池蛙泳手模仿可以增加半陆半水的练习。俯卧池边，头和上肢在水中，池边与腋窝齐平，也是先练划手，然后再加上呼吸。

2. 水中练习

（1）深水池。一手扶池边一手划水前进，游进20米左右后调换方向进行练习。熟练后可以加上呼吸练习。

（2）浅水池。在浅水池进行蛙泳手的练习比较容易。站立在游泳池中，水位最好在胸口处，先进行划手，然后再进行划手和呼吸（要求同陆上模仿练习）。在做练习的时候可以边走动边划手,这样可以更好地体会划手推动身体前进的感觉。还可以进行双人练习,一个人俯卧在水中,另一个人用双手架住他的双腿,给他支撑,使他能够做蛙泳划臂动作。

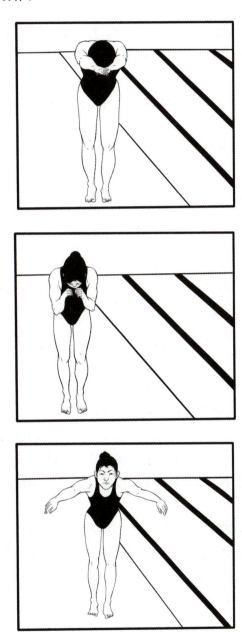

图 6-13 站立蛙泳划臂练习

三、蛙泳完整配合动作要点及练习方法

（一）动作要点

配合是游泳学习中完整技术动作的总称，指划臂、打腿和呼吸的完整动作，关键是掌握三个动作配合的时机。双手外划时抬头换气，内划时收腿低头稍憋气，双手前伸过头时蹬腿吐气。

（1）手、腿配合。外划时腿并拢伸直，内划开始屈膝收腿，手前伸蹬腿，脚并拢再开始外划，如此循环。

（2）手、腿、呼吸配合。双手外划时，抬头、吸气、腿并拢伸直，手加速内划后收腿，身体下降时头入水稍憋气。双手前伸过头时蹬腿发力并吐气。身呈流线型滑行，为下一个动作做好准备。内划时手用力，手前伸时腿用力。

（二）练习方法

1. 陆上模仿练习

（1）站立蛙泳配合模仿练习。直立、双臂上举、双手并拢。按照划手、收手、收腿、伸手和蹬腿的顺序练习。

（2）半陆半水蛙泳配合模仿。俯卧在池边，头放在水中或者脚放在水中都可以。动作顺序与站立蛙泳配合模仿练习相同。

2. 水中练习

（1）推拉板练习。此种方法适用于胆子比较小的人。方法是双手抓住打水板全身伸直俯卧水中，抬头吸气的时候肘关节弯屈，把板子拉到胸前，同时收腿、翻脚。低头吐气时把板子推出去，肘关节接近伸直的时候蹬腿。

（2）扶池边蛙泳配合练习（深水池用）。一只手抓住池边，另一只手和腿练习配合，然后换手再做一遍。

（3）憋气配合。减少了呼吸动作，降低了动作难度，比较容易掌握配合动作。

（4）完整配合。对过于害怕的学生可以使用浮漂，把浮漂放在胸前练配合，这样戴浮漂会增加学生的安全感。

第七章

爬泳

第一节　爬泳起源与技术发展趋势

一、爬泳的起源

游泳比赛中，可采用任何一种姿势游进。由于游爬泳时，身体几乎水平地俯卧在水中，有较好的流线型，两臂轮流向后划水，动作结构简单、自然、合理，两腿上下交替打水，协调地配合两臂动作，因此它是速度最快的一种游泳姿势。此姿势像人在爬行，由此而得名。最早游出类似于我们今天爬泳姿势的人是英国的特拉文，他采用的是两臂各划水1次配合打腿1次的技术动作，后人又称这种姿势为"特拉文式"。

在现代竞技游泳比赛中，并没有"爬泳"这个项目。但是在自由泳比赛中，运动员可以用任意姿势游进，而爬泳是游进速度最快的一种泳姿，因此运动员几乎都用爬泳，故而爬泳也被通称为"自由泳"。

目前，爬泳技术经过不断实践和改进，在技术配合和风格上出现了多种不同的形式和流派。优秀的教练员能够根据运动员的形态、机能和身体素质等特点，设计最适合其特点、最能发挥其优势的技术，从而创造优异成绩。

二、爬泳技术的发展趋势

（一）早抓水、早发力

当前爬泳技术最重要的一个特征就是注重肩的前伸和手臂的积极抓水。手臂入水后随着身体的转动，在水下沿身体中线尽量向前伸展，当手指伸到最远处时掌心向下，手在身体前方开始屈腕屈肘做抓水动作。传统的观点认为爬泳游进中向后划水时手推得越直越好，但从世界优秀运动员划水动作来看，他们并没有将手推到底，而是更加注重肩的前伸和积极的抓水动作，积极的抓水动作能够让手臂更早地进入高效划水阶段。

（二）身体转动幅度加大

在游进时整个身体随着手臂和腿部的动作围绕纵轴有节奏地转动。腰首先发力，借助身体的转动，逐步向肩、臂、手传递；打腿也是髋关节发力依次向大腿、小腿、脚传递。游爬泳时,身体的躯干部处于不断的转动中,从动力学的观点来看,躯干作为上下肢的连接是爬泳游进时发力的中心以及力量传递的核心,能够将运动员上下肢动作产生的效果协调统一。

(三) 更加注重腿的效果

爬泳打腿的作用一直以来都很有争议,有人认为打腿只能起到平衡身体姿势的作用,另外一些人坚信打腿同样起推动作用。爬泳游进过程中手的划水起着主要推进的作用,打腿所产生的推进力相对较小,且打腿时的耗氧量要比划手时大得多,因此,部分教练员认为爬泳游进过程中打腿只能起到平衡身体姿势的作用,对打腿练习重视程度不够,在游进过程中对打腿的要求不严。

目前,优秀游泳运动员越来越重视减小水中阻力。为了减小阻力,运动员一方面要保持好的流线型,另一方面要提高身体在水中的位置。如果腿部下沉,阻力会增大,导致消耗更多的能量。因此,打腿技术好的运动员身体位置较高,能够减小身体游进时的阻力,且快速的打水动作能够将兴奋冲动反馈到中枢神经系统,使其释放更多的神经冲动,加快手臂的划水动作,起到调节动作频率的作用。髋关节在爬泳打水过程中的作用越来越明显,打腿技术好的运动员髋部发力提供动力的百分比更大。

在第 20 届奥运会上,美国运动员采用 6 次打腿的技术打破世界纪录,证明了打腿技术改进的效果。但长距离游泳运动员仍采用 2 次打腿技术,所以一个技术的合理与否不是绝对的。通过对人体结构的深入了解,结合爬泳动作技术特点,爬泳技术日臻完善,世界纪录也不断被刷新。

第二节　爬泳技术

一、爬泳身体姿势和腿部技术

任何一种姿势的技术都是一个有机的整体,每一个技术环节和细节都影响着技术效果。从实际的角度出发,游泳教练员和运动员越来越重视从整体效果上去改进和完善技术。但是,从技术分析的角度出发,仍旧需要把技术分为几个不同的部分和环节。

(一) 爬泳身体姿势

从流体力学的角度分析,为最大限度地减小形状阻力和波浪阻力,在游进过程中，身体需要尽量保持流线型，并保持重心平稳。规范的爬泳技术在身体和腿部动作方面需要满足以下几个要求。

1. 身体伸展并保持流线型

流线型是两端逐渐变细的形状，也是阻力最小的形状。为保持流线型，身体应尽量伸展，肩向前略耸，手入水后手臂、肩和上体尽量前伸，将身体拉长。游泳过程中要保持绝对完美的流线型是不可能的。为了产生推进力，需要做手臂划水和腿打水的动作。而在手臂划水、腿打水时，不可避免地要破坏流线型，致使阻力增大。因此，此处所指的流线型是相对的，是在减小阻力和增大推进力之间需要达到的一个平衡状态。

此外，为保持流线型，手臂划水的动作应围绕身体的纵轴进行，过于靠外划水将使身体截面积增大，破坏流线型。同样的道理，腿打水幅度也不宜过大，呼吸时头部动作也应尽量不偏离身体中线。

2. 身体在水中的位置高且平直

身体在水面上的位置越高，阻力就越小。高水平游泳运动员在水中的位置通常都比较高。形状阻力与身体在水中占用的空间大小有很大的关系。占用空间越大，或者说身体在水中的投影截面面积越大，阻力就越大。为减小阻力，需要保持身体平直。

身体在水中是否平直要从两个角度来观察和判断。首先是水平方向上，也就是从侧面观察，运动员的身体应尽量与水平面平行，身体成直线。如果头部和上体较高，而髋部和腿下沉，则将增大阻力。

此外，身体是否平直还要从俯视的角度观察，即冠状面上的直线性。如果身体左右摇摆，则会增加身体在水中占用的空间，导致阻力增大。

3. 身体围绕纵轴有节奏地转动

爬泳的身体姿势并不是简单地平卧于水面。事实上，游爬泳时应始终围绕身体纵轴，随着手臂和腿部动作进行有节奏地转动。

身体围绕纵轴转动具有重要的意义，能够有效地帮助身体保持动量，延长有效的划水距离并使肩和上肢处于有利的发力角度（图7-1），有利于充分发挥躯干肌肉群的力量，使得躯干成为连接手臂和腿部动作的纽带，有助于保持身体的流线型，减小阻力，并且使移臂和呼吸动作轻松完成。

在游爬泳时，躯干和肩部应作为一个整体来转动。身体向吸气一侧转动的幅度略大一些，使得吸气动作不刻意依靠转头进行，而是随身体的转动轻松完成。

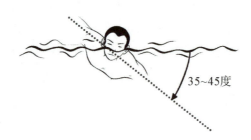

图 7-1 爬泳的转动角度

(二) 爬泳腿部技术

爬泳的腿部动作采用两腿交替上下打水的形式，主要作用是保持身体姿势和位置，维持身体平衡。同时可以利用打水节奏调节手臂动作频率。由于在水中身体得不到固定支撑，打腿还起着与手臂相互支撑、协调身体各部分用力和控制节奏的效果。此外，打腿动作还产生部分推进力。

爬泳打腿由向下打腿和向上打腿两部分交替构成，但是事实上由于身体围绕纵轴的转动，打水动作也包含着向侧方的动作。

打水过程中两脚应稍内扣，踝关节放松，由髋关节发力，传至大腿，带动小腿和脚，做鞭状打水，使动作有力而富有弹性。由于腿部各关节和环节构成了一个类似链状的结构，爬泳的向上打腿和向下打腿之间的界限并不十分明显，即大腿、小腿和脚并没有同时向上或向下打水。

1. 向上打腿

向上打腿时，由大腿带动小腿向上移动，腿呈伸直姿势。当整条腿移到水面并与水平面基本平行时，大腿停止继续上移，转入向下打腿，但小腿和脚由于惯性的作用仍然继续上移，使膝关节弯屈。

向上打腿时，大腿伸展，腘绳肌、大腿内收肌和臀大肌收缩使腿上移。当大腿停止上移后，腘绳肌在缝匠肌、股薄肌、腓肠肌的协同作用下将小腿和脚继续上抬，使膝关节屈曲。膝关节屈曲的角度一般在 130～160 度。

当小腿和脚也完成向上打腿时，大腿已经进入下打过程。小腿上打不能露出水面，脚掌应接近水面或略露出水面。脚不能高出水面太多，否则一是容易失去部分浮力，使身体有下沉的趋势；二是在向下打水初期脚如果高出水面过多就只能打到空气，得不到水的反作用力，而且会搅起大量的气泡，增大阻力。

2. 向下打腿

小腿和脚在上打结束后，在大腿的带动下开始向下打腿。由于膝关节的弯屈，小腿和脚的打腿方向是后下方。当大腿向下打腿到最低处并开始向上打腿时，小腿和脚仍未完成向下打腿，直到膝关节完全伸直，小腿和脚才随大腿转入向上打腿。然后开始下一次动作循环。

爬泳打腿动作应该向下直腿，向上屈腿，打腿幅度为30～40厘米（图7-2）。

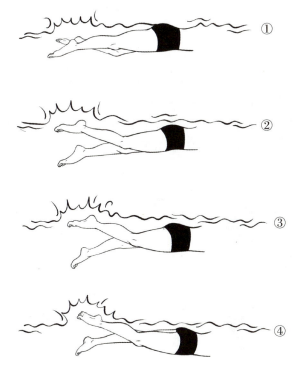

图7-2 爬泳的腿部动作

二、爬泳划臂及呼吸技术

爬泳划臂动作可以分为入水、划水、出水和空中移臂4个主要环节，空中移臂是划水的必要准备，但不产生推进力，真正产生推进力的环节是划水。爬泳手臂的划水动作轨迹是三维的螺旋曲线。在划水过程中，手臂通过旋转不断改变对水的攻角和划水的方向，获得阻力、升力、推进力。根据手臂主要运动方向的变换，我们可以把划水分为几个阶段，但是需要注意，由于手臂的划水路线是连续不断的曲线，因此各个阶段之间不存在绝对的界限，动作的方向也不是绝对的，而只是表示动作在曲线上主要的运动方向。这一点同样适用于其他 3 种泳姿。

（一）爬泳入水和伸臂技术

这个阶段手臂动作的主要目的是使手臂伸展到合适的位置，为抓水做好准备。同时，前伸动作还起到了保持流线型和募集更多肌纤维参与工作的作用。

入水时，随着身体绕纵轴的转动，肩关节内旋，肘关节微屈并高于手，手自然并拢伸直，由大拇指领先，手掌朝向外下方，斜插入水中，这样可以减小手入水时的阻力。如果手掌平拍入水中，就会在手的周围产生大量的气泡，增大阻力。而且由于手掌的下压动作，容易使头和躯干抬高，破坏身体姿势，造成身体上下起伏。

手的入水点通常在肩的延长线上，或身体中线和肩的延长线之间。入水点过于靠内，容易造成髋关节和腿的侧向摆动，使身体的流线型遭到破坏。入水过于靠外不利于入水后的抓水动作，且难以充分发挥肩背部肌肉的力量。

手插入水后，前臂和上臂依次入水。随着身体的转动，手入水后在水面下继续向前下方伸展，大约前伸 20~25 厘米。前伸动作应尽量圆滑，避免带来太大的阻力。手腕自然微屈，掌心可转向下。在手臂接近伸直或完全伸直时，臂部肌肉应该达到适宜的初长度，做好向下划水和抓水的准备（图 7-3）。

图 7-3 爬泳入水和伸臂动作

（二）爬泳向下划水和抓水技术

入水和伸臂后，屈腕，使手掌朝向外下方，沿曲线向下划水并抓水。从抓水开始,手臂有了向后的运动分量,即手臂的动作开始产生推进力了。抓水的动作方向是向下、向外和向后。

抓水后逐渐屈肘,使肘高于手(图7-4),高肘的目的是使前臂和手最大限度地向后对准水。同时高肘也是水下有力划水开始的标志。

图7-4 爬泳的抓水动作

抓水虽然是整个划水周期中速度相对较慢的部分,但对后面划水的效果起着至关重要的作用。抓水效果好就像汽车挂上了挡,后面的划水才不会划空。高水平运动员非常重视抓水,同时抓水的效果好也使身体在游进过程中获得一个相对稳定的支撑点。

下划阶段准确地说是向下、向外和向后划水,是划水曲线中的一部分。但是向外划水的动作是随着躯干和肩的转动在手臂向下划水时自然形成的,不必刻意强调,且由于继续屈肘,手和前臂将向下加速划动。

当手到达水下最低点时,手臂自然地过渡到下一个以向内划水为主的阶段。虽然这个阶段的推进力没有后面的划水大,但准确的下划和抓水动作是后面有效划水的重要基础。

(三)爬泳向内划水技术

向内划水开始时手位于肩的外侧,此时手臂继续屈肘并保持高肘姿势,加速向内、向上和向后沿曲线划水(图7-5)。向内划水结束时,手在身体下方靠近身体中线,手臂与水平面基本垂直,屈肘角度约90度。

手臂在从以下划为主转变到以向内划水为主的过程中,应注意利用好阻力和推进力。这点也适用于其他的转换阶段。因为在转换阶段手还没有形成有利的攻角,难以获得升力,如果没有阻力和推进力,身体速度就容易迅速下降。因此在手掌从向外转为向内时几乎是垂直向后的,其目的是获得推进力,保持身体的速度。

图 7-5　爬泳的向内划水动作

（四）爬泳向上划水技术

从手臂与水平面垂直开始到出水前的运动为向上划水。在向上划水之前，起主要作用的肌肉多为上肢的屈肌，手的运动落后于肘；而向上划水阶段的原动肌多为伸肌，手开始领先于肘关节的运动。

此阶段手臂沿曲线向上、向外和向后划水，并且应在向内划水的基础上加速连贯地完成，中间不能有停顿。从向内划水转为向上划水时，手掌从向内转为向外，沿向上、向外和向后的方向加速划水。向上划水过程中手臂的划水速度是整个划水过程中最快的，产生的推进力也最大。

从获得更大推进力的角度来看，为了获得最佳的动作效果，应该尽可能地加快划水速度和延长划水距离。但出于维持身体平衡、保持重心和动量稳定性的目的，目前多数优秀运动员推水距离并不长，当手越过身体重心时就可以结束向上划水，转入出水阶段。

向内划水和向上划水两个阶段是划水的关键，因为手臂在这两个阶段的动作产生的推进力较大。从手臂向内划水开始，身体前进速度开始加快，到向上划水时达到最大速度。因此，从向内划水到向上划水是加速的关键，正确地做好入水、抓水和下划的准备动作，不断加快划水速度，就可以得到向上划水动作产生的最大速度。

在整个划水过程中手臂的运动方向是在三维立体几何面内不断变化的。手相对于身体的运动轨迹类似于一个大写的"S"（俯视）；手相对于水（静止物）的运动轨迹是不规则的螺旋曲线。

（五）爬泳手臂出水技术

划水结束后立即改变手的迎角，肘外旋，使小指朝上，掌心朝向大腿。这样可以使手轻松地离开水面，减小阻力。同时有利于在移臂开始就保持高肘姿势，又不会使肩关节过于紧张，在肩的带动下将手臂提出水面。出水的顺序是肩、上臂、前臂和手。出水动作应快速连贯，但前臂和手应尽量放松。

（六）爬泳空中移臂技术

空中移臂与出水并没有明显的界限，而是出水动作的延续，不能停顿。

1. 高肘移臂技术

移臂宜自然放松，多数运动员采用高肘移臂，便于入水后快速抓水。从出水开始肘关节就已经屈曲，随肩和上臂向前上方移动。移臂动作应借助肩关节的自然内旋。移臂开始时手臂在空中向前、向外和向上移动；当手越过肩关节时开始前伸，手臂的动作转为向前、向内和向下。手的速度快于前臂和上臂的速度，手在肩前领先入水（图7-6）。

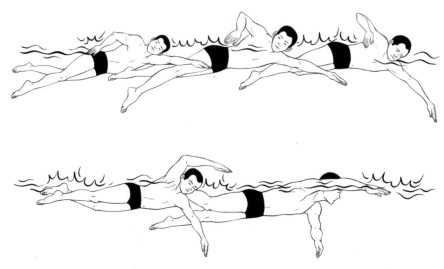

图7-6　高肘移臂技术

2. 直臂移臂技术

一些运动员采用直臂移臂技术也取得了较好成绩，即当手出水时，手臂几乎完全伸直，直臂向前、向上、向外移动，肩关节外旋。但当手移到肩部上方时，开始屈肘，使手向前、向下和向内移动。也就是说，直臂移臂的后半段与高肘移臂相似，在手入水之前通过屈臂高肘形成适宜的入水位置。这种移臂技术多见于短距离运动员。

3. 不对称移臂技术

还有些运动员采用不对称移臂技术，即呼吸一侧的手臂直臂移臂，而另一侧高肘移臂。这是因为他们向呼吸一侧的身体转动幅度较大，使肩关节外旋，造成直臂移臂。

（七）爬泳时两臂配合技术

爬泳的两臂配合有2种常见的形式，即前交叉配合和中交叉配合（图7-7）。

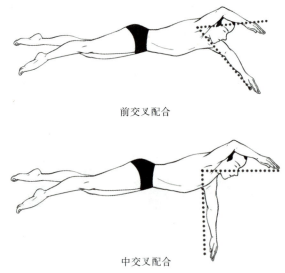

前交叉配合

中交叉配合

图 7-7 爬泳的两臂配合技术

1. 前交叉配合技术

前交叉配合是指一臂入水时另一臂在肩前方，与水平面成锐角，也被称为追逐式配合，常见于中长距离项目。前交叉配合可以使游进时始终有一臂处于前伸的位置，使整个身体在水中的长度较长，而较长形状的物体流线型较好，因而阻力较小。此外，前交叉配合有利于维持重心的相对稳定和身体的平衡。这种配合的致命弱点是动作不连贯，在一手移臂时，另一手处于入水或抓水阶段，几乎没有划水的推进力产生，因而速度均匀性差。

2. 中交叉配合技术

中交叉配合是指一臂入水时另一臂位于肩下（向内划水阶段），常见于短距离项目。由于手入水后要前伸，为抓水做准备，因此当一手入水时，另一手向内划水或向上划水较容易配合。入水的手经过前伸、抓水，开始产生较大的推进力后，另一手刚好出水，进入空中移臂。这样有利于发挥力量，提高频率，保持连续的推进力和平稳的身体位置。运动员应该根据自己的特点选择适合自己的配合方式。

（八）爬泳手臂与呼吸的配合技术

爬泳呼吸是身体转动的一部分，与身体的转动、手臂的动作协调配合，才能形成轻松自然的呼吸动作。不用刻意抬头，否则头就偏离了与身体形成的直线，破坏了身体姿势和平衡。

以向右侧转头吸气为例，右手入水后吐气，右手一边划水，身体一边向右侧转动，右臂向上划水接近出水时，身体转动幅度最大。右臂出水时，头随身体转动，嘴自然露出水面吸气。吸气时，嘴处于一个波谷中，只需露出一半即可，一只眼睛在水上,一只眼睛在水下。随着空中移臂,身体和头向左转动,头又回到水中(图 7-8)。

图 7-8 爬泳手臂与呼吸的配合

三、爬泳完整配合技术

爬泳技术动作由身体姿势、腿部动作、臂部动作、呼吸几部分通过协调配合构成。

(一)全身动作的协调配合

爬泳任何一个技术环节的动作都不是孤立的,都要依靠全身各个部分的协调配合。例如,当右手划水结束,刚刚出水时,髋关节向右转动,使身体呈较好的流线型,同时借助躯干大肌肉群的力量与划水产生合力;吸气的同时转动后颈,而不是抬下颌,使髋关节处于较高的位置,并使后背相对放松。正准备移臂的右肩上提,帮助身体保持较高的位置,右肘提出水面,形成有利的杠杆作用。此外左臂的各个部位和双腿也都在精确地进行各自的运动(图 7-9)。这些动作互相协调、娴熟地配合才能产生最佳的完整动作效果。

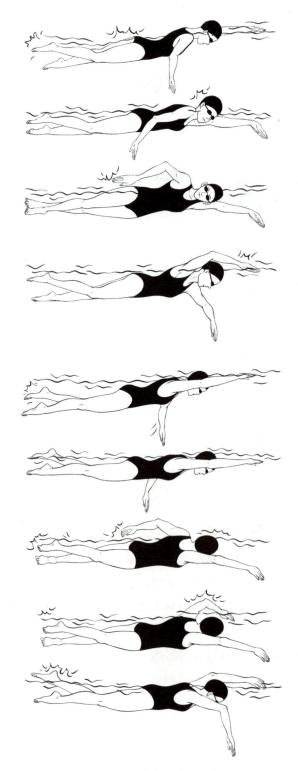

图 7-9 爬泳全身动作配合

（二）划水、打水与呼吸的配合

爬泳的完整配合还特指在一个划水动作周期中与之配合的划水、打水和呼吸的次数与节奏。爬泳配合技术有多种形式，其中6∶2∶1配合是较常见的一种，即6次打水、2次划水、1次呼吸。此外还有4∶2∶1和2∶2∶1等多种配合形式。一般来说，短距离比赛中，常见6次打水的配合技术。这种配合技术可以保持较高的身体位置。有些运动员可达到8次以上划水、1次吸气，甚至吸气次数更少。而长距离比赛，运动员则多用2~3次划水吸气1次，但在最后冲刺或超越时多改用6次打腿配合技术。初学者最好学习6次打水、2次划水、1次吸气的配合方式，这种方式更容易保持身体的平衡。

第三节　爬泳的动作要点及练习方法

爬泳也称自由泳，是4种竞技游泳姿势中速度最快的，在奥运会比赛中项目也最多。游爬泳时，身体俯卧在水面上，两臂轮流划水，两腿交替打水。

一、爬泳身体姿势和腿部动作要点及练习方法

爬泳的身体姿势与腿部动作有着紧密的联系。良好的腿部技术能够帮助形成正确的身体姿势，良好的身体姿势也有助于掌握正确的腿部动作。两者的练习手段更是互相结合，互为促进。

（一）动作要点

1. 身体姿势

（1）身体尽量保持水平。头部与躯干在一条直线上，两眼看池底。

（2）身体伸展，手臂和腿尽量并拢伸直，躯干保持稳定，要有一定的紧张度，保持流线型，不能有明显的左右扭动。

（3）身体围绕纵轴随着划水动作有节奏地转动，呼吸和移臂动作也随着身体的转动自然完成，这减少了身体的上下起伏，保持了身体的稳定，减少了游进的阻力。

2. 打腿

（1）开始动作。双腿自然伸直，绷脚尖，双脚内扣（内八字脚）。

（2）下打。打腿动作从髋部开始发力，大腿带动小腿向下打腿，用小腿和脚外侧打水，打水时绷脚（芭蕾脚），下打至膝盖伸直。打水幅度为30~40厘米。

（3）上抬。向上打水，腿从直到屈。直腿上抬，大腿接近水面时屈膝，小腿继续上抬，使脚掌露出水面后向下打水。

（4）节奏。下打用力，上抬放松。

（二）练习方法

1. 陆上模仿练习

（1）池边坐撑打水模仿练习。坐在游泳池边，两手后撑，身体略向后仰。两腿伸直并拢，脚背绷直。两腿先慢慢地交替上下打水，打水幅度约为30厘米，然后逐渐加快打水速度，并逐渐放松膝关节。注意打水时脚趾应指向对岸，不能向上。打水的水花像烧开的水，但不要四溅（图7-10①）。

（2）俯卧池边打水模仿练习。半陆半水，即身体在岸上，腿在水里。直腿打水，腿像鼓槌敲鼓一样敲打水面（图7-10②）。

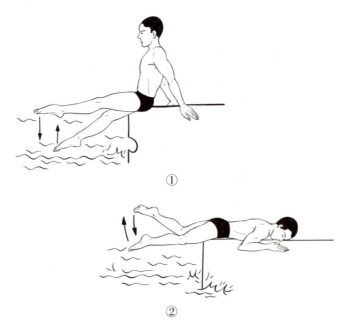

图7-10 爬泳腿部动作的陆上模仿练习

2. 水中练习

（1）扶池边爬泳腿。两手轻扶水槽或池边，两臂和肩前伸，身体放松，平直地俯卧于水面上，低头，使头与躯干成一条直线。两腿上下交替打水，每打水6次，抬头吸气1次，吸气时躯干仍然保持俯卧姿势，腿不要因吸气而停止打水。仍然是直腿打水，但向下打要用力，向上打不用力。

（2）扶板打水。由于在此之前一直练习的是直腿打水，这样的好处在于大腿自然地会有上下打水的动作，避免了大腿不动，仅仅小腿动的错误。但是带来的副作用就是动作紧张或者是不往前走。这时可以稍屈膝，上抬小腿，当脚掌刚刚露出水面的时候就用力向下打腿。

（3）徒手伸臂打水练习。两臂和肩前伸，身体放松平直地俯卧于水面，两腿交替打水，每打水6次抬头吸气1次。

二、爬泳臂部和配合动作要点及练习方法

（一）动作要点

对于初学者来说，爬泳划手的动作分为入水、划水、出水和移臂几个部分。

1. 手臂动作

（1）入水。入水点在头前方。用一条假设的线从头到脚把人平均分成两半，入水点在这条线与肩膀前方的延长线之间。

（2）划水。入水后积极向前下方伸臂，手掌和小臂对准水在身体的下方向后划水到大腿。划水的速度要逐渐加快。

（3）出水。向后划水到大腿，并在大腿处出水。

（4）移臂。大臂带动小臂（肘高手低），经空中向前移臂，然后再入水。

2. 两臂配合

初学者适宜掌握的两臂配合的形式是前交叉配合（一手入水前，另一手开始划水）和中交叉配合（一手入水时，另一手划至肩下）。前交叉配合比较容易掌握，还可以作为分解练习的手段。

3. 划手与呼吸的配合

（1）划手。转头慢吐气。划哪一侧手就在哪一侧吸气，划2次手呼吸1次。

（2）手出水。嘴露出水面之前，用力吐气，为被动式吸气创造有利条件。手臂抬出水面，头随着移臂的动作转动，开始吸气。随着手臂前移，头转向水中。

（3）手入水。头部位置复原，稍憋气。在进行换气的时候，头、颈、躯干围绕纵轴一起转动，而不仅仅是转动头部。标准的呼吸动作是：一只眼睛和半张嘴露出水面进行呼吸。一般初学者适宜采用划手2次，呼吸1次（固定一侧呼吸）的配合技术。

（二）陆上模仿练习

1. 单臂爬泳划手模仿练习

两臂伸直身体前倾90度，一只手做单臂爬泳划手模仿。按照手先入水再划水的顺序练习，两只手轮流做。

动作要求：手在头的前方入水，划手到大腿，手出水。移臂和划水动作可以先进行直臂练习。

2. 双臂爬泳划手模仿练习

身体前倾90度，双手前伸做爬泳分解划手模仿练习。两手交换做，动作要求同单臂。

3. 加呼吸的爬泳划手模仿练习

仍然是两脚平行站立，首先边划手边转头慢吐气，当手划至大腿时用力吐气，然后移臂，眼睛看手，手移至肩平处吸气完毕，随着手入水头复原（图7-11）。

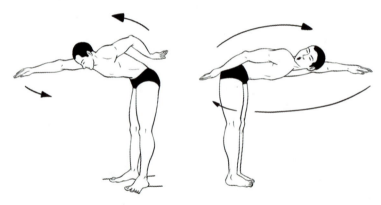

图7-11 加呼吸的爬泳划手模仿练习

4. 呼吸的模仿练习

双手扶墙，头夹在两个大臂之间。2次划手1次呼吸。

动作要求：转头呼吸时耳朵不能离开大臂（耳朵离开大臂，就是抬头吸气，不是转头吸气），眼睛看后面（眼睛看前面也是抬头吸气）。练习重点是2次划手，转头呼吸1次。躯干和肩随划水动作绕身体纵轴转动，两肩的相对位置不断变化。如右臂入水，左臂出水时，右肩低、左肩高。动作熟练后加上呼吸动作（图7-12）。

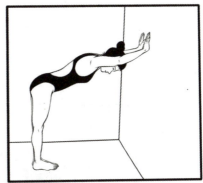

图 7-12 呼吸的模仿练习

5. 池边高肘移臂练习

俯卧在池边上或长凳上（身体与池边平行），一只手伸直，另一只手在水中做对手动作（图 7-13），两手轮流做。高肘移臂的方法是：大臂带动小臂移臂；手在水面上移动时高抬肘关节（肘高手低）。打乒乓球时是小臂带动大臂，而爬泳的移臂与此相反。划手要到大腿后，出水的动作就像手从裤兜里抽出来的动作一样，移臂的动作就像拉身体侧面的拉链。

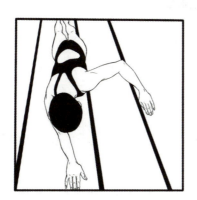 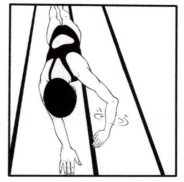

图 7-13 池边高肘移臂练习

6. "独木舟"式配合模仿练习

两脚开立，上体前倾，两手轻握一根竹竿（像独木舟的桨），两臂连续做划水模仿练习。这个练习有助于体会身体和肩的转动、两臂协调连贯的配合和身体平衡的感觉（图 7-14）。

图 7-14 "独木舟"式配合模仿练习

（三）水中练习

1. 浅水中站立划水与呼吸练习

站在浅水中做划水并配合呼吸的模仿动作。动作要求同陆上模仿基本相同，只是头要没入水中吐气，随身体转动转头，使嘴露出水面吸气。体会手臂对准水，并在水中克服阻力划动的感觉（图 7-15）。

图 7-15 浅水中站立划水与呼吸练习

2. 边走动边划水练习

站在浅水中，一边做爬泳划水动作，一边向前走动。体会自己向前走动的动力来自手臂的划水动作。

3. 扶池边爬泳分解练习

动作和要求与双手扶墙的模仿练习近似,只是增加了打腿动作。双手扶池边低头憋气,打腿保持身体的平衡,然后开始划手。先做不带呼吸的配合,一般每次练习划手 4~6 次,做 3~4 组以后就可以加上呼吸练习配合动作。教学重点是随纵轴转动的呼吸动作。

4. 扶板爬泳配合练习

动作要求同池边配合练习。方法是双手扶板,肘关节在打水板的下沿,肘关节伸直,肩膀放松,先打腿 5 米左右,再进行配合的练习。先练习打腿的目的有两点:一是腿打不起来,身体就不能保持平衡;二是在开始练习配合的时候人们往往忘记打腿,一般能够连续打腿 25 米以后再进行配合练习效果更好。

5. 完整配合练习

重点是臂腿的配合练习,难点在于呼吸动作的掌握,不一定非要 6 次打腿配合,只要臂、腿、呼吸配合协调即可。

第八章

仰泳

第八章 仰泳

第一节 仰泳起源与技术发展趋势

一、仰泳的起源

仰泳和其他游泳姿势一样，也是人们在长期的生产劳动中发展起来的，在长距离游泳中，人们发现，只要把身体仰卧在水中，手臂和腿稍加一些动作，就能自然地在水上面游动，而且能获得休息的机会。在这个基础上，经过不断的实践，逐渐发展和完善了仰泳技术。

1900年，在第2届奥运会上，仰泳被列为正式比赛项目。仰泳有反蛙泳和爬式仰泳两种泳姿。其中反蛙泳是最早出现的一种仰泳，动作近似蛙泳，而身体姿势相反，即人体仰卧水面，两臂从头后经体侧向后划水。最初几届奥运会上的仰泳比赛都是采用反蛙泳姿势。1912年，在第5届奥运会上，美国运动员赫伯纳采用两臂轮流划水、两腿上下打水的仰泳技术，获得了100米仰泳冠军，显示了爬式仰泳技术的优越性，而反蛙泳因失去了竞赛优势而逐渐被淘汰。

在日常游泳练习中，仰泳呼吸容易掌握，动作简单易学，在民间一直是较受欢迎的泳式，尤其被年老体弱及浮力较好的妇女儿童所喜爱。但由于仰泳划水在身体两侧进行，肌肉难以充分伸展，不能像爬泳和蝶泳那样充分发挥上肢的力量，因而速度受到一定的影响。仰泳的优势在于动作省力，速度均匀。因此仰泳速度虽慢于爬泳，但接近蝶泳，快于蛙泳。游仰泳时，仰卧在水面，身体自然伸展，头和肩部略高，腿部较低，双臂和双腿交替划水和踢腿。

二、仰泳技术发展趋势

（一）身体位置高、平、直、稳

良好的身体位置是仰泳技术中最重要的一点。仰泳的身体位置是要把身体尽可能多的浮出水面，尤其是胸部应该露出水面，以减少游进时的阻力。同时身体尽量伸展，保持良好的流线型姿势。头部和躯干保持平稳。

（二）核心部位发力

仰泳的划臂动作、腿部动作以及躯干转动动作均由身体核心部位开始发力，从而引发四肢以及躯干的动作。核心部位的参与，可以增强动作效果，加大推进力，并减少阻力。

（三）强有力的水下反蝶泳腿

游泳竞赛规则允许运动员在出发和每次转身后在水下进行不超过15米的水下打腿，运动员如果拥有良好的水下反蝶泳腿技术，可以有效减少阻力，提高游速。因此，运动员都非常重视水下反蝶泳腿技术。

（四）灵活的手掌和前臂

水是流体，想获得最大的支撑效果，不仅要增大划水面积、提高划水速度，还需要做螺旋曲线划水，以不断划到静水。作为人体最灵活最敏感的部位，手掌和前臂在这种划水过程中，更是需要不断调整方向，以形成最佳的攻角，获得最理想的推进力。

（五）协调的配合

在分析仰泳技术动作时，我们按照身体部位将仰泳动作分成若干个部分进行详细分析。但并不代表这些技术是孤立的，也不代表每一个部分都要发挥出各自的最佳速度。优秀的仰泳技术是各部分动作相互协调、相互促进的结果。

第二节　仰泳技术

一、仰泳身体姿势

游仰泳时，身体自然伸展，平、直地仰卧于水面，头和肩部略高于腰和腿部，身体纵轴与水平面构成一个很小的仰角（图8-1）。

游仰泳时，头部和髋部的位置关系非常重要。头的位置在很大程度上决定了整个身体的位置，起着"舵"的作用。头部与身体在一条直线上，水

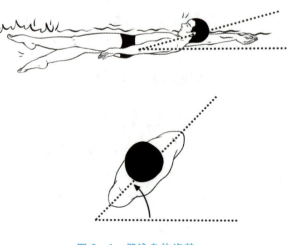

图8-1　仰泳身体姿势

面约位于头顶中部。头部过于后仰，容易使髋部抬高，腿和脚露出水，影响打水效果并容易挺胸弓背，使躯干过于紧张僵硬。反之如果刻意收下颌，抬高头的位置，髋和腿就会下沉，身体容易"坐"在水中，增大身体前进的阻力。

与爬泳相似，游仰泳时，身体也应随划臂和打腿绕纵轴自然转动，转动速度要快，使自己在游进过程中躯干处于侧卧位的时间多于仰卧位，这样既利于保持手臂划水时的深度和合适的角度，又能充分地发挥手臂肌肉力量，还有利于减小移臂时阻力。如果身体没有转动，由于肩关节的活动限制，划水就会较浅，使划水效果降低。在身体不停转动的同时，应使头部位置保持相对的稳定，这样可以避免身体的侧向摆动。使推进力方向尽量集中。

二、仰泳腿部技术

仰泳打腿的作用主要是保持身体平衡并产生一定的推进力，给身体一个稳定的支撑力。快速有力的仰泳打腿对有效发挥上臂和躯干的力量也起着重要作用。

仰泳打水由上踢和下压两部分组成。仰泳腿的技术与爬泳腿相似，同样是鞭状打腿动作。但是仰泳腿上踢开始时膝关节弯屈的程度要大于爬泳向下打水时的弯屈程度，打腿的动作幅度也比爬泳深。

1. 上踢

开始时，大腿带动小腿和脚屈腿向上踢水，在踢水的过程中逐渐伸膝。踝关节跖屈，踝关节的灵活性对踢水效果起着重要的作用。当大腿移到接近水面时转为下压。而由于伸膝肌群的带动，小腿和脚在惯性作用下加速向上用力踢水，形成鞭状踢水动作。当膝关节完全伸直时，上踢动作结束，此时脚趾应该恰好位于水面或略低于水面。

上踢动作尺度非常关键。在任何情况下，膝关节、小腿和脚不能踢出水面。踢水形成的浪涌应像圆屋顶或像开锅的水，虽沸腾但不四溅。

2. 下压

水对腿产生向上的浮力，下压动作的前半段是直腿完成的。膝关节和踝关节自然放松。由于伸髋，大腿带动小腿下压。到一定深度后，大腿停止下压，在腰腹肌肉群的控制和协同作用下，转入上踢过程。此时小腿和脚在惯性的作用下仍继续下压。使膝关节弯屈，之后小腿和脚在大腿的带动下依次结束下压动作。

由于身体的转动，仰泳腿的动作并不是垂直向上和向下的。伴随着上踢和下压的还有髋关节的转动。为保持身体的流线型，两脚分开不要过大，应处于身体截面内（图8-2）。

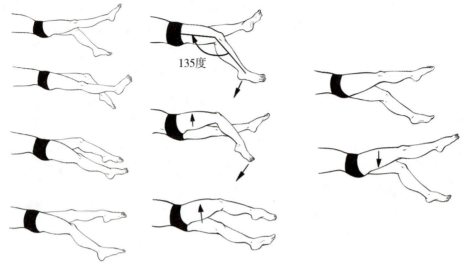

图 8-2 仰泳腿部动作

三、仰泳划水和呼吸技术

仰泳手臂的划水动作是产生推进力的主要因素，划水技术的优劣直接影响游进的速度。仰泳的臂部动作可以分为入水、划水、出水和空中移臂 4 个主要部分。

（一）仰泳手臂入水技术

仰泳手臂入水动作与身体的转动要协调配合。一臂入水时，身体向同侧转动，可以加大手臂入水的深度。手的入水点应在头前，同侧肩的延长线上。手臂应伸直，肘关节不能弯屈，以小拇指领先，手掌朝外，干净利落地切入水中（图 8-3①）。

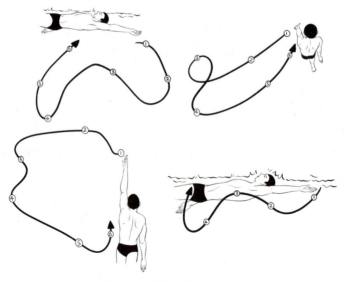

图 8-3 仰泳手臂划水路径

(二) 仰泳向下划水和抓水技术

随着身体围绕纵轴的转动和积极地伸肩，手臂向外旋转，屈腕，使手掌对准水并有压力感，此时划水的主要肌肉群如肩部肌肉群、胸大肌和背阔肌应得到适当的拉长，以便划水时能充分发挥力量。随后逐渐屈肘，前臂内侧和手掌对准后方，手指向外，这个阶段称为向下划水和抓水（图8-3②）。抓水结束时，肘的位置应略高于手。

(三) 仰泳第1次向上划水技术

向下划水完成后，随着身体绕纵轴继续转动，肘关节下降，手在向后划水的同时沿对角线向上、向后和向内划动，使屈肘的程度逐渐加大。当手臂划到肩下与水平面垂直时，身体转动幅度达到最大，肘关节弯屈也达到了最大限度，约90～120度，与爬泳的高肘划水相似，我们也称其为高肘划水（但由于仰卧姿势，肘实际上在下面）。第1次向上划水结束时手掌距离水面5～15厘米，指尖指向外上方（图8-3③）。

(四) 仰泳第2次向下划水技术

手划水划到S形划水路线的最上方时，开始第2次向下划水，俗称鞭状推水。此时，身体开始向划水手臂的对侧转动，手臂沿螺旋曲线向下、向内和向后加速划水，直至在大腿下完全伸直。

手和手腕的动作因为速度很快，因而像鞭梢抽打水的动作。第2次下划结束时，手掌朝下，手臂伸直，手位于大腿下方，手掌距离水面约30厘米（图8-3④）。

鞭状下划阶段较为常见的技术错误是只向后推水，而没有向下的鞭状压水动作，这样使有效划水距离减少了。

(五) 仰泳第2次向上划水技术

第2次向下划水结束后，手臂转动使掌心向后上，手臂向上、向后、向内划水直至手接近大腿，转入出水阶段（图8-3⑤）。

这个阶段持续时间很短，但却非常有效。需要注意的是，不是所有练习者都能够在这个阶段产生推进力。通常划水较宽、手距离身体较远的练习者才能够获得这段推进力，而如果手距离身体较近，在第2次向下划水后可能直接转动手臂出水，就得不到这段推进效果。

(六) 仰泳手臂出水技术

划水完成以后，手臂旋转，掌心指向大腿，借助手向下压水的反作用力和肩部肌肉的收缩，以及身体自然的转动，手臂迅速提拉出水面。出水时臂应伸直，压水、提肩，使肩部首先出水，然后再带动上臂、前臂和手依次出水。出水前手臂先旋转，使手掌对准大腿外侧，使大拇指领先出水，这样阻力小，且手臂较自然放松，与爬泳出水时小指领先的道理是一样的。

仰泳划水过程中，身体前进速度有2～3次达到高峰，分别出现在向上划水时、第2次向下划水结束时和第2次向上划水结束时。

（七）仰泳空中移臂技术

手出水后，手臂应迅速以直臂方式向前移动，上臂应贴耳。移臂的前半段，手掌向内，使手臂肌肉尽量放松。当手臂移到头上即与水平面垂直时内旋，使掌心向外（图8-4），为入水做好准备。

空中移臂动作与身体的转动也是分不开的。在手臂移臂的前半部分，身体正好向划水臂一侧转动，使整个手臂和肩，甚至身体一侧都露出水面，减小了移臂时的阻力，同时使划水更有力。但当手臂移到头上时，身体开始向移臂一侧转动，有利于手臂向前伸得更远，使手的入水点远，下滑较深。

图8-4 仰泳空中移臂技术

（八）仰泳两臂配合技术

仰泳两臂配合与爬泳一样，应该保证身体得到连贯而均匀的推进力，使身体匀速前进。仰泳两臂配合一般是一臂入水时，另一臂划水结束，两臂基本处于相反的位置，因此一臂划水动作结束后，另一臂能立即产生新的推进力。当一臂入水后前伸下滑时，身体的转动使对侧手臂的移臂动作更自然轻松。当一臂移到头上位置时，另一臂应该正处于开始鞭状向下划水阶段。这一瞬间身体刚好位于两次转动之间，身体成平卧姿势。之后身体开始向另一侧转动。

游仰泳时，口鼻始终露出水面，呼吸不受水的限制，但为了避免吸气不充分造成的动作紊乱，应保持一定的呼吸节奏，正如跑步或竞走运动员用一定的节奏进行呼吸一样。多数运动员采用一臂移臂时吸气，另一臂移臂时呼气的呼吸方式，每划水2次，吸气1次。

四、仰泳完整配合技术

同爬泳的完整配合一样，仰泳的所有动作都要协调配合。当右手入水时，右肩前耸，身体绕纵轴向右侧转动，头保持稳定，既使身体保持良好的流线型，又可以使手臂充分前伸。左手此时鞭状下划结束，左肩提起，准备出水。当右手继续下划并抓水时,身体继续围绕纵轴转动,左手出水快速移臂,右腿开始下压,左腿向上打水,使右手抓水和左腿打水形成相互支撑。

现代仰泳较常见的是6次打水、2次划水、1次呼吸的配合技术(即6∶2∶1配合),目前很少见到4次或2次打水、2次划水的配合方式。

仰泳6次打水2次划水的配合是这样的:1次划水,3次打水。一手入水和向下划水时,同侧腿上踢;一手抱水和向上划水时,对侧腿上踢;一手鞭状下划时,侧腿第2次上踢(图8-5)。为协助完成身体的转动动作,每个划水周期中每次打水的动作力度并不完全一样,当身体开始转动时腿的打水较为有力。

图8-5 仰泳完整配合技术

第三节　仰泳的动作要点及练习方法

一、仰泳身体姿势、腿部动作要点及练习方法

（一）动作要点

1. 身体姿势

（1）身体保持伸展、正直，几乎水平地仰卧于水面。水面约位于头顶中部。

（2）身体随手臂划水围绕纵轴有节奏地转动。

（3）双腿伸直，绷脚（脚尖指向平直方向，不能朝上），略内旋（内八字脚）。

2. 打腿动作

（1）两腿交替做鞭状上下打水，上踢用力，下压放松（图8-6）。

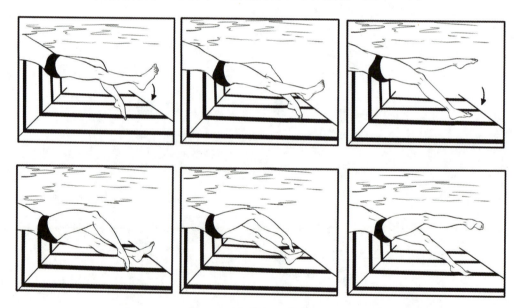

图8-6　仰泳打腿动作练习

①下压。脚接近水面时，直腿向下压。

②上踢。当腿下沉到最低点的时候大腿开始带动小腿上踢。用小腿和脚外侧向上踢水。

（2）上下打腿的幅度为30～40厘米。

(二)练习方法

1. 陆上模仿练习

(1)池边坐撑打水。此练习与爬泳坐撑陆上打水模仿练习基本相同。要求绷脚,膝盖不要弯屈(图8-7①),打水幅度30~40厘米。

(2)仰卧池边打水模仿。身体水平仰卧在池边,大腿以下放在水中,两腿交替上下打水(图8-7②)。注意不要抬头看自己的腿和脚,依靠感觉完成动作。

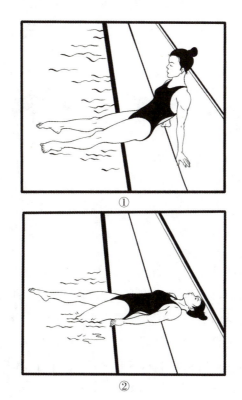

图8-7 仰泳打水的陆上模仿练习

2. 水中练习

(1)扶边或水槽打水练习。两臂反握游泳池的池边或水槽,身体仰浮在水面上打水。两肩、两臂应放松,躯干保持适当的紧张度,头颈自然放松,身体保持水平(图8-8①)。

(2)双手握水线打水(深水)。双手握住水线,收下颌,眼睛看天花板,腹部抵住水线打腿,身体姿势像躺在水面睡觉。如果没有水线,可以单手扶池边,要求同前。这个练习的目的是让学员掌握正确的身体姿势。

(3)由同伴双手托头的仰泳打水。一人打水,一人在练习者的前面用双手托他的头部,帮助练习者保持身体平直(图8-8②)。

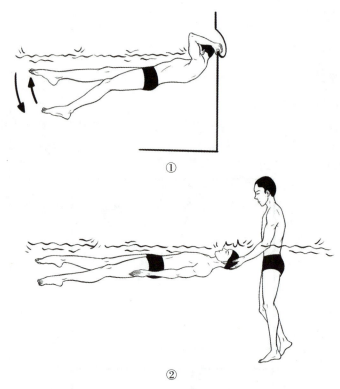

图 8-8 仰泳打水的水中练习

（4）持板仰泳打水。双手抓住打水板（手在腰部，肘下沉，肘不要在水面附近），挺腹，腹部贴在打水板上，打水板的下沿最好在大腿的上 1/3 处。这种持板方法不易形成屈髋坐姿的身体姿势，有利于平直的身体姿势的形成。

（5）两臂位于体侧的仰泳打水练习。以蹬边仰浮开始，逐渐加上慢速的打水，使身体维持在水面上。如果感到躯干和下肢下沉，可在腹部系一个浮漂，待身体位置稳定后，再去掉浮漂。

（6）双臂前伸仰泳打水练习（流线型仰泳打水）。待上个练习熟练后，再进行这个练习。两臂前伸，两手相叠，头夹在两臂之间。仰卧蹬离池边，保持这种流线型姿势并打水。

二、仰泳臂部动作（和呼吸动作）要点及练习方法

（一）动作要点

1. 手臂动作要点

仰泳的臂部动作可以分为入水、划水、出水和空中移臂 4 个主要部分。

（1）入水。手的入水点在头的前方，同侧肩的延长线上。入水时手臂应伸直，

肘关节不能弯屈,手掌朝外,小拇指领先切入水中。

(2) 划水。手臂在体侧划水,入水后手臂要向外下方划水以保证划水的深度。要使手掌和小臂对准水,手掌不能露出水面。手臂划至大腿附近为止。手划过肩部后开始加快划水的速度。

(3) 出水。大拇指领先出水,像是与人握手。

(4) 移臂。直臂移臂并在垂直面内进行,当手臂与水面垂直时内旋,转至小拇指领先直至入水。移臂时,肘关节伸直。

2. 仰泳配合的动作要点

(1) 手腿配合。仰泳配合一般是打腿 6 次,划手 2 次。手入水时,同侧腿上踢,划至肩平时,对侧腿上踢,手推水发力时,同侧腿侧、向上踢,同时对侧手加速入水。

(2) 双手配合。一侧手出水,则另一侧手开始划水。

(3) 手与呼吸的配合。仰泳的呼吸就是自然的呼吸,在移臂的时候吸气,在划水的时候呼气(以同一侧手臂为例)。

(二)练习手段

1. 陆上模仿练习

(1) 站立仰泳划手。开始时大拇指领先,手臂边向上移动边转动,当手臂到达头的正上方(即入水位置时),掌心向外。重复进行这个练习。手臂始终靠近身体。移臂时肘关节伸直,在肩的延长线上移臂。入水时大臂要贴近耳朵,划到大腿处手出水。至于划水的深浅此时不必过多强调(图 8-9)。

图 8-9 站立仰泳划手模仿练习

（2）单臂仰卧划水模仿。躺在长凳上或仰卧游泳池边（身体与池边平行），使单臂可以做仰泳划水模仿练习。做屈臂曲线划水动作，初学者可先直臂划水（图8-10）。由于在游泳池边练习时，手是在水中划动的，因此可以体会手臂划水时的阻力和加速划水的动作。

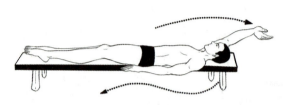

图8-10　单臂仰卧划水模仿练习

（3）站立式双臂仰泳划水模仿。站立，两臂做交替划水模仿动作。先可以做分解划手，双臂放在体侧，一臂划完，再划另一臂。然后两臂轮流划水，重点强化动作节奏。

2. 水中练习手段

（1）双人划水练习。在浅水中由教练员或同伴抓住练习者的双腿，使其能够仰卧在水面上，做仰泳划水动作练习（图8-11）。如果在深水中，可用双脚勾住水槽或水线，两臂划水。

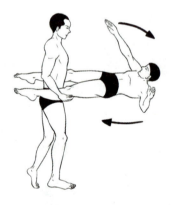

图8-11　双人划水练习

（2）扶池边单臂练习。单手扶池边，身体仰卧在水面，另一手臂进行仰泳划水练习。

三、仰泳完整配合动作要点及练习方法

（一）动作要点

（1）保持水平的身体姿势，躯干和肩随手臂动作围绕纵轴转动，始终有一肩露

出水面。

(2) 一般每划水 2 次，打水 6 次，呼吸 1 次。

(二) 陆上模仿练习方法

(1) 直立仰泳配合练习方法。两臂轮流划水，在划手的同时双脚踏步。

(2) 仰卧池边仰泳配合练习方法。仰卧池边（臀线与池边齐平，腿在水中）双脚不停地打水，两臂轮流划水。

(三) 水中练习方法

(1) 仰泳分解练习。从池边蹬出（双手放体侧），打腿 5～10 米，当身体平衡、稳定前进的时候，开始划水，一臂划完停至体侧，另一臂再开始划水，反复进行。

(2) 单臂拉线划水。先仰卧打水，左臂前伸，右臂放在体侧，身体靠近左边的泳道线。左手抓住泳道线慢慢向后拉，然后继续向后下方推水。推水结束时提肩，使肩露出水面。保持这种姿势打水 6 次，然后重复这样的动作。25 米后换另一个方向，同时换另一臂练习。

(3) 单臂分解练习。这个练习与单臂拉线划水练习基本相同，但不再拉泳道线，可以想象仍然拉泳道线。单臂分解练习可以有不同的组合形式，如左 3 右 3，左 2 右 2 等。

(4) 完整配合练习。与仰游分解练习动作基本相同，但两臂不再有停留，要连贯流畅地划水。

第九章

蝶泳

第一节 蝶泳起源与技术发展趋势

一、蝶泳技术的起源

蝶泳是蛙泳的变形,早期蛙泳比赛允许运动员两手划水后在空中向前移动,也就出现了蝶泳的最初动作,即两臂在水中划至大腿,提出水面后又在空中向前移臂入水,两腿仍作蛙泳蹬夹水的动作。由于当时的蝶泳速度不占有优势,有的运动员改进蛙泳蹬腿的技术,模仿了海豚的波浪动作,使游进的速度有了很大提高,因此后来人们也把这种蝶泳称为海豚泳。

技术上的改进使蝶泳运动员的运动成绩飞速提高,1956年的奥运会把蝶泳和蛙泳这两个泳姿分开,作为两个独立项目进行比赛。

从动作的外形来看,蝶泳手臂与腿的动作结构与爬泳有相似之处,但爬泳两臂轮流划水,两腿轮流打水,而蝶泳的两臂和两腿同时用力。尽管蝶泳划臂和打腿动作同时用力,推进力比较大,但阻力也比较大,而且推进力不均匀,身体前进速度也不均匀,因此蝶泳速度慢于自由泳。蝶泳是较难掌握的一种姿势,需要较强的上肢和腰腹部力量和极好的协调性,同时腰腹部的波浪动作是人们在日常生活中所不习惯的,需要进行长时间的专项练习。

二、蝶泳技术发展趋势

(一)游进中保持着非常好的流线型

吸气时没有明显的抬头动作,头与脊柱成一条直线,手外划后开始出水移臂。吸气时眼睛看水面,不看前面,肩肘手依次出水准备移臂,移臂低平放松。

(二)推进力主要来源于躯干快速有力的波浪动作

手臂前伸时,腿准备第1次下打,臀部露出水面。向外划水时,臀部露出水面,头和手部接近水面,胸下压到最低点。躯干通过快速有力的波浪动作把划臂和打腿动作有效串联,最大限度地发挥肌肉力量,提高运动成绩。

(三)打腿连贯有力,波浪小

打腿动作的连贯有力,有助于提高身体的联动协调能力,充分发挥肌肉力量,有效提高运动成绩。美国著名游泳运动员菲尔普斯可以在200米游进中保持连贯的打腿。他的整个身体参加海豚腿的运动，连续不断，而且第2次打腿的幅度较大，与最后的推水形成合力。

（四）划水早，抓水早

当身体重心越过手时，马上出水移臂，使动量向前。划水多采用"钥匙孔"划水路线，躯干和臀部有明显"跷跷板"运动形式。抓水早，两手像船锚般稳固有力。高肘使得胸、背、肩部肌群的力量得到充分发挥，同时手臂对水截面大。高肘向内划水时，腿上打。两手内划到最近点时，腿向下打水。手一越过身体重心，立即向外划水，准备出水和移臂。

（五）手尽量前伸，移臂时动量向前，手推水不宜过长

当手臂移到与身体成"十"字时，头入水，以手臂带动身体向前下俯冲。胸下压，促成身体的波浪动作。肘肩向前伸，身体伸展，准备入水。入水动作轻松自然，入水阻力小。

第二节 蝶泳技术

一、蝶泳的身体姿势

游蝶泳时，身体各部位由于波浪动作上下起伏，没有固定的身体位置。两臂和两腿的动作在同一水平面内同时进行。身体的上下起伏是受划臂和打腿动作影响的，如向下打水就会使臀部上升，空中移臂时因重心位置的改变使身体失去平衡，从而使腿部下沉。躯干的波浪动作也是随着臂腿动作自然形成的，既有利于保持较高的身体位置和较好的流线型，也有利于臂、腿、呼吸的协调配合。

在划水最有力的阶段，身体应该尽量保持水平，使推进力中以向后分力为主，在手入水后腿打第1次水时，躯干应该向前上方做波浪动作，使躯干和腿的波浪动作产生较大的推进力，弥补此时手臂因入水不产生推进作用的不足，从而尽量保持前进速度的均匀性。

虽然游蝶泳时躯干形成有节奏的波浪动作，但重心应该平稳，保持前进速度的直线性，因此优秀蝶泳运动员通常采用小波浪技术。波浪太大将破坏重心的稳定性和身体前进速度的均匀性，并导致能量消耗增加。

通常情况下，抬头吸气容易引起重心下降，手入水后向前伸肩和腿向下打水动

作容易使重心上移。但如果头和的肩位置比较稳定，腰腹和肩的柔韧性好，就可以有效地保持重心的稳定，从而保持较高的身体位置，减小躯干与水平面的夹角，维持身体良好的流线型（图 9-1）。

图 9-1 蝶泳身体姿势

二、蝶泳腿部技术

蝶泳腿和爬泳腿有相似之处，但蝶泳腿对蝶泳完整配合所起的作用大于爬泳腿。此外，蝶泳腿从躯干发力，通过力的传递进行鞭状打水，打水时屈膝的程度要大于爬泳腿。

蝶泳打水时，两腿应自然并拢，两脚稍内扣，两腿的动作同时进行。蝶泳腿由向下打水和向上打水两部分组成，优秀运动员在两个阶段都能够产生推进力。

向上打水开始时，腿因为上一次的打水而在水下呈完全伸直的状态。在小腿仍继续伸展的条件下伸髋，使大腿上移。当大腿上升到与躯干成一条直线时，腰腹和臀部开始下沉，大腿也随着下压，但小腿和脚继续上移，膝关节弯屈，弯屈的角度随着大腿继续下移和脚继续上移而逐渐增大，直到脚上升到最高点，即接近水面时，小腿开始在髋关节和大腿的带动下快速向下打水。此时开始伸膝，小腿和脚加速下打。在小腿和脚向下打水还没有结束时，大腿应该已经开始向上打水，这样才能保证腿的鞭状打水动作。当小腿和脚继续向下打水到膝关节完全伸直，脚处于最低点时，小腿和脚在大腿的带动下开始向上打水，又进入下一个周期的打水动作（图 9-2）。

向下打水时，踝关节伸直，并略内旋。踝关节的灵活性对打水的效果起着关键的作用。由于膝关节的弯屈和踝关节的伸直，向下打水开始时小腿打水的方向是向下和向后，而踝关节的动作更像向后推水。如果踝关节灵活性差，打水的方向只有向下，打水效果就较差。

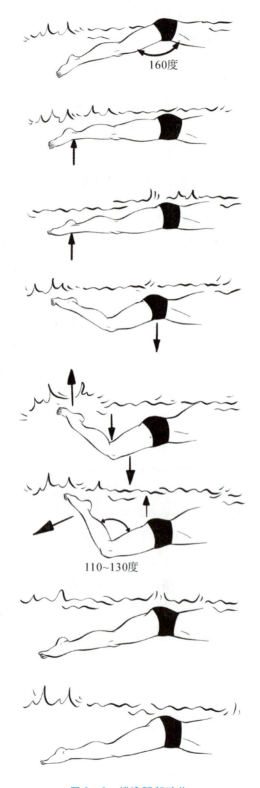

图 9-2 蝶泳腿部动作

三、蝶泳划水及呼吸技术

蝶泳的两臂动作是对称且同时进行的。因为划水面积增大，划臂的推进力较大，但空中移臂时却没有推进力产生，使蝶泳前进速度不均匀。这也是蝶泳速度慢于爬泳的主要原因。蝶泳的臂部动作由入水、划水、出水和空中移臂几部分组成，其中划水又分为外划抓水、内划和上划几个相对阶段。

（一）蝶泳手臂入水技术

入水是划水的准备阶段，其动作本身几乎不产生推进力。正确的入水位置应该在两肩的延长线上，或略窄于肩的延长线，太宽易使划水路线缩短。现在也有许多运动员入水时两手距离较近，几乎接触，这样可以加长划水的路线，有效地利用向外划水，及早抱水。但是这需要肩关节有较好的柔韧性。入水应以大拇指领先，斜插入水，然后前臂和上臂依次入水。入水时掌心朝向外下方，手掌与水平面形成一定的角度（图9-3①）。

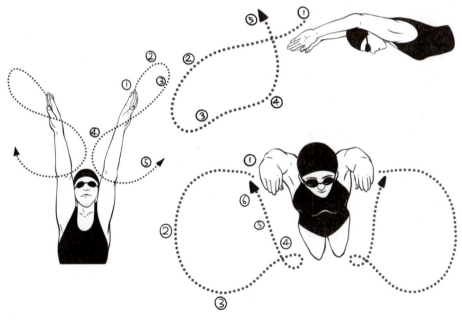

图9-3 蝶泳手臂动作

（二）蝶泳向外划水和抓水技术

手入水后，肘和肩关节前伸，两手立即内旋并外分，手掌对准外后方沿曲线划水。当两手外分至超过肩宽时屈腕，使手掌向外、向下和向后划水，从而抱住水。同时屈肘，手臂向外下后方沿螺旋曲线加速划动，直到两手水下距离最宽时为止（图9-3②③）。这个阶段称为向外划水和抓水，与蛙泳划水刚开始时的向外划水相似，目的是使手臂找到支撑点。

向外划水和抓水的主要作用是寻找支撑点。抓水效果的好坏，直接影响到后面划水的效果。抓水时手要保持向外、向下、向后的攻角，不可垂直向下压水，否则头和躯干就会上升，使身体起伏加大，造成较大的阻力。

要想提高抓水的质量和效果，应该尽可能充分地伸肩和伸臂，这样可以使背阔肌、大圆肌等大肌肉群预先伸长。

（三）蝶泳向内划水技术

两手抓水后，继续屈肘，并保持高肘姿势，手臂继续向外旋转，手的运动方向从向下、向外、向后转为向内、向上和向后曲线划水（图9-3④）。这个阶段称为向内划水，与爬泳划水的向内划水阶段相似。随着向内划水的继续，屈肘程度逐渐加大，手臂划到肩下时，肘关节屈至约90～100度。继续向内划水到两手之间距离最近时，向内划水结束。

到向内划水结束时，两手之间的距离因人而异。有的运动员两手几乎接触，有的运动员距离略宽。向内划水结束时两手之间的距离可能与向外划水后两手外分的程度有关，如果外分程度较大，在向内划水开始时两手的距离较宽，向内划水过程中两手不必拉得很近，也能获得较长的划水路线，形成充足的推进力。而如果外分程度较小，向内划水开始时两手的距离较窄，为形成较长的划水路线，可能就需要将两手划得较近。

（四）蝶泳向上划水技术

当两手之间距离达到最近时，手臂内旋，手臂从原来的向内、上、后方转为向外、上、后方划水，进入向上划水阶段（图9-3⑤⑥）。这个阶段与爬泳的向上划水相似，但没有那么长。

在向上划水过程中要逐渐伸肘伸腕，使前臂和手尽量对准后面。这个动作很关键，直接影响到划水的效果。如果没有伸肘伸腕，前臂和手用力的方向主要是向上，其结果是身体下沉，身体的平衡遭到破坏，前进速度下降。

与爬泳和仰泳一样，向上划水在划水阶段产生的推进力是最大的，应用最大的力量和最快的速度完成。而且，手臂向上划水时，腿正好向下，打腿和划臂配合产生的合力可以使身体前进速度大增，因此，要充分利用向上划水的力量。

（五）蝶泳手臂出水技术

在手划水到大腿两侧时，手臂旋转，使掌心向内，朝向大腿外侧，以便减小出水的阻力。在手划水尚未结束时，肘已经开始离开水面。手划水结束时，利用划水的惯性，肘和肩带动手臂提拉出水。出水时小指应领先。

(六) 蝶泳移臂技术

出水后，在肩的带动下，手臂迅速从空中前移到头前，准备入水和下一个周期的动作（图9-4）。由于蝶泳是两臂同时向前移臂，故一般采用低平的直臂姿势从两侧前移，以使手臂放松自然，又不会破坏身体的平衡。移臂过程中手臂要放松，大拇指朝下，手前伸到接近入水时肘微屈，以便入水后及时抓水。空中移臂的时间约是划水周期的1/3。在移臂过程中，从手臂与身体呈"十"字形时，一直到手入水为止，头部应有控制地与下颌、手臂、胸部一起向前下运动，即要把胸部以上的部位看作是一个整体，而不是分割开。

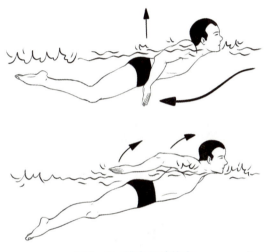

图9-4 蝶泳移臂技术

(七) 蝶泳呼吸与划水的配合技术

高水平运动员多采用晚吸气技术，即手臂向内划水结束时头部开始露出水面。手臂向上划水及移臂的前半段完成吸气动作，手臂前移过肩后前伸时低头入水。低头一定要在手入水前完成或和入水同时完成，否则会使手臂和肩部难以伸展，影响入水的远度，使有效划水路线缩短。吸气时不刻意抬头，而是随着第2次向下打水的升力以及手腿协调配合使躯干和肩升高，头自然地露出水面。眼睛和嘴都朝向水面。吸气结束低头时，头随肩部的前伸向前下方伸展，下颌向前方冲顶，使手入水时肩能够充分前伸。如果抬头太高易使背部肌肉紧张，并导致腿部下沉。

四、蝶泳完整配合技术

由于躯干的波浪动作的介入，蝶泳的完整配合要求精细、准确，而且其动作特征要求有较强的肩背部、腰腹部力量和良好的柔韧性。

划臂和打腿的配合方式是每划水1次，打腿2次。手入水时开始第1次下打腿，抱水过程中结束下打腿。在继续抱水和向内划水时上打腿，向上划水时第2次下打腿。空中移臂时再次上打腿（图9-5）。手腿的配合一定要准确协调，否则就会破坏动作内在的节奏，使推进力减弱。

蝶泳打腿的节奏也有不同的方式，有的第1次打腿轻，第2次打腿重；有的正好相反；还有的采用2次均匀打腿。多数运动员第2次打腿力量更大，速度也更快。

完整配合的方式有采用2次打腿、1次划水、1次呼吸（2∶1∶1）的，也有采用4次打腿、2次划水、1次呼吸（4∶2∶1）的。值得注意的是，不管在1个周期中是否呼吸，移臂时肩部都应该露出水面，以减少移臂的阻力（图9-5）。

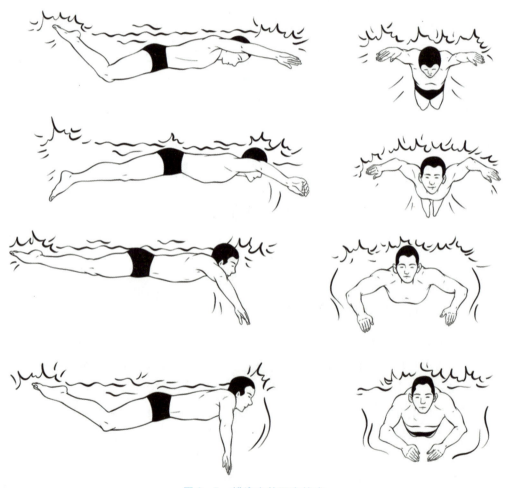

图9-5 蝶泳完整配合技术

第三节 蝶泳的动作要点及练习方法

一、蝶泳身体姿势和腿部动作要点与练习方法

(一) 动作要点

(1) 游蝶泳时,身体姿势不固定,上下起伏,呈波浪形前进。

(2) 头部保持较稳定的姿势,目视下方,吸气时略收下颌。

(3) 双腿自然伸直,双脚内扣(内八字脚),从胸部开始发力,带动大腿、小腿和脚做鞭状打水动作。

(4) 用躯干带动大腿、小腿做下打动作。下打时提臀,臀部要露出水面。向上打水时,大腿主动直腿上移,脚接近水面时屈膝,使脚露出水面后向下打水(图9-6)。

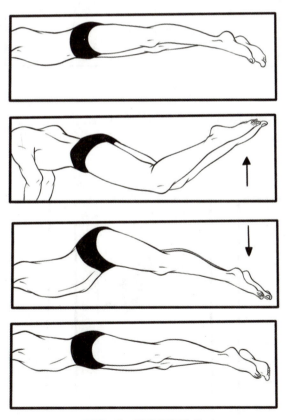

图9-6 蝶泳腿部动作

(二) 练习方法

1. 陆上模仿练习——站立蝶泳腿模仿练习

(1) 背对墙站立,手下垂,直腿向后送髋,臀碰墙的同时向前送胸(好像站在水龙头前探身准备喝水),然后再向前送髋,挺肚子。开始动作慢一些,幅度大一些,熟练后将动作连起来,幅度减小,流畅地进行(图9-7)。

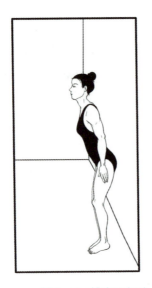

图9-7 蝶泳腿部陆上模仿练习(手下垂)

(2) 双手扶髋,背对墙站立,臀部离墙壁10厘米。练习节奏:第一步挺肚子,第二步塌腰撅臀、臀碰墙、屈膝,第三步伸直膝盖。先分解做,然后再连续做(图9-8)。

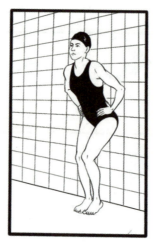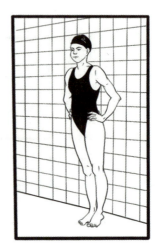

图9-8 蝶泳腿部陆上模仿练习(手扶髋)

(3) 双手上举，重复上述动作。

(4) 右手扶墙，右脚站立，左手扶髋，左脚离地。体会用腰带动腿的打水动作（图 9-9）。

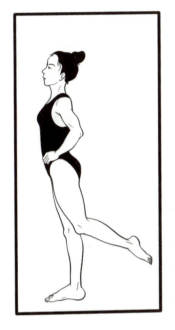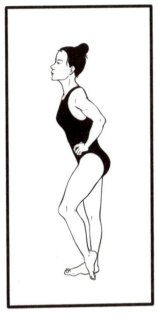

图 9-9 蝶泳腿单腿练习

2. 水中练习

(1) 浅水直立躯干动作模仿。这个动作与陆上直立模仿相同，体会水的流动和阻力。在齐腰深的水中进行。

(2) 深水直立打腿练习。双手扶池壁，手用力控制身体直立在水中（脚离池底），在水中直立做蝶泳腿的练习。

(3) 俯卧双手放体侧蝶泳腿练习。开始做这个练习时，有的人为了能够做出波浪动作，用头部上下钻来带动躯干的动作，前几次练习可以这样做，以后就要提出要求：头和肩部要保持在水面，用腰带动大腿和小腿做向下的抽打动作。为了强调腰部的动作，开始的时候还可以先直腿打水。腰部有了动作以后，再做鞭状打腿动作。

(4) 双手前伸打蝶泳腿练习（图 9-10）。在做这个练习的时候，为了呼吸，打腿就有停顿的动作，为了避免停顿，可以要求学员打腿 4 次，呼吸 1 次。这时还要教学员上抬放松、下打用力的节奏和加速打水的动作。

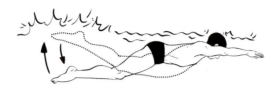

图 9-10 蝶泳腿水中练习

（5）扶板蝶泳腿练习。两手扶打水板，俯卧做蝶泳打腿动作。体会打水板随打水动作节奏上下起伏的感觉。两手应扶住打水板的后缘，掌心向下。打腿 4 次，呼吸 1 次。

（6）蛙泳手蝶泳腿练习。每打腿 2 次，划蛙泳手 1 次，这个练习既是练习蝶泳腿，也为蝶泳配合的学习打下基础。

二、蝶泳划臂和呼吸动作要点及练习方法

（一）动作要点

（1）手的入水点在两肩的延长线上。以大拇指领先，斜插入水中。

（2）入水后，肩、肘前伸，然后逐渐弯屈双臂在身体下方向后划水。

（3）划到腹下双手向外、上、后方加速划水，小拇指领先出水。

（4）出水后，两臂伸直沿水面前移到头前入水。

（5）呼吸与划水的配合。手臂结束向内划水时，头开始露出水面吸气，移臂时头还原入水。在做蝶泳划手和第 2 次打腿配合时，随着划水速度的加快也加快吐气的速度。当嘴露出水面换气，双手移臂至肩平时低头，手入水时头没入水中开始憋气。嘴露出水面时用力把气吐光并吸气，换气动作就完成了。记住两个"之前"，即头在手出水之前出水，在手入水之前入水。在呼吸的时候，上身不要抬得太高，下巴露出水面即可。

（二）练习方法

1. 陆上模仿练习

双臂划水站立模仿练习，腰部前屈，两臂同时做蝶泳划水模仿练习。逐渐加上与呼吸的配合（图 9-11）。

图 9-11 蝶泳手陆上模仿练习

2. 水中练习

（1）浅水中站立或走动模仿练习。站在齐胸深的水中，双手同时做蝶泳划水模仿动作，体会水的流动和阻力。逐渐从站立变为走动，体会通过划水使自己前进的感觉（图9-12）。

图9-12 蝶泳手水中练习

（2）夹板蝶泳划手练习。把打水板紧紧地夹在膝关节处做蝶泳划臂练习。

三、蝶泳完整配合动作要点和练习方法

（一）动作要点

（1）手入水的时候打第1次腿，肩前伸的同时提臀，臀部露出水面。

（2）手划到腹下加速推水时打第2次腿。

（3）借助向下打蝶泳腿的力量使身体上升，头部露出水面换气，双手经空中同时向前移臂，移至肩平处，低头，双手入水。

（4）完整配合方式一般采用2次打腿、1次划水、1次吸气。

（二）练习手段

1. 陆上模仿练习

（1）直立双臂手腿配合模仿练习。体前屈，双臂前伸。练习节奏：第一步打腿、手入水，第二步手推水、打腿。熟练后加呼吸配合，第一步入水、打腿、低头，第二步手向上推水、打腿、抬头换气。

（2）直立双臂躯干配合模仿练习。直立，双手斜上方举。练习节奏：第一步划手、挺肚子，第二步移臂、体前屈、撅臀、手复原，反复练习。

2. 水中练习

（1）水中跃起配合练习（浅水池）。站立在水中，双手同时向下划水，弯屈双腿，加速推水的时候双膝伸直、双脚蹬地向上跳起，连续做5~10次，体会第2次打腿时手的加速划水动作和手与腿的配合动作。

（2）单臂配合练习。单臂配合可分为两种。一种是单臂前伸，另一臂划水，同

时与打腿和呼吸协调配合（转头吸气）。另一种是一臂放在体侧，另一臂划水。第 1 种练习相对简单一些，适合于初学者，练习时可要求学员将下潜动作做得夸张一些，想象自己从一条小船的尾部下潜，从船头出水。强调头在手之前入水，及躯干的波浪动作。每 25 米更换 1 次手臂。

（3）不同形式的分解配合练习。实际上是单臂配合的不同形式。例如，5 次左手、5 次右手，3 次左手、3 次右手，1 次左手、1 次右手等。

（4）分解过渡配合练习。2 次左手单臂分解动作练习，2 次右手，2 次完整配合。这是从分解到完整配合之间的过渡练习。还可以选择其他组合次数。随着动作的熟练，分解的次数可减少，配合动作的次数可逐渐增多。

（5）完整配合练习。先进行多次打腿配合划臂练习，可以从 4 次腿 1 次手开始，过渡到 3 次腿 1 次手，再到 2 次腿 1 次手，根据掌握的情况，逐步减少打腿的次数。注意保持打腿的节奏，尤其在呼吸的时候打腿不能停顿。对于初学者来说，保持 3 次腿 1 次手的配合可以游较长的距离。

第十章

出发技术

第十章 出发技术

第一节 出发技术概述

出发是游泳比赛的开始。在竞技游泳比赛中，根据竞赛规则的规定，蝶泳、蛙泳、爬泳和个人混合泳项目应从出发台上出发，仰泳项目应从水中出发。出发对比赛结果有重要的作用，尤其是在短距离项目中。在对比赛技术参数进行分析时，出发一般指从出发信号发出起，到运动员的头到达 15 米处这段距离内所有的动作。对于 50 米项目来说，相当于总距离的 30%，其作用不言而喻。

现代游泳比赛在对手水平相当时，比赛名次的先后就取决于出发技术的优劣，出发技术的好坏显得十分重要。出发除了仰泳是在水中出发以外，其他三种姿势均在出发台上出发。

通过出色的出发技术先发制人，取得心理上的优势和主动权，从而扰乱对手的节奏，也是一种常见的比赛战术。我国著名运动员罗雪娟在 2003 年世界游泳锦标赛和 2004 年奥运会女子 100 米蛙泳决赛中，2 次采用这样的战术击败了世界纪录保持者、澳大利亚运动员琼斯。目前在游泳比赛中，台上出发技术常见的有抓台式出发、蹲踞式出发以及摆臂式出发。

第二节 出发技术分析

一、抓台式出发技术

抓台式出发指在等候出发信号的时候用双手抓住出发台的前缘，借助手臂拉台动作保持身体重心的稳定性，并在起跳时获得手臂拉台的动量。抓台出发技术可以分为预备姿势、拉台、离台、腾空、入水、滑行、起游等几个阶段。

（一）预备姿势

正式比赛中，当发令员发出长哨音后，运动员走上出发台，用两脚的脚趾勾住出发台的前缘，两脚分开与肩同宽，用两手抓住出发台的前缘，身体放松自然。两手可在两脚之间，也可在两脚之外。在"各就位"的口令后，膝关节弯屈成40度左右，目视前下方，身体重心尽量前移，并利用手臂拉台的力量保持身体稳定和平衡，避免失去平衡落入水中造成犯规。

（二）拉台

出发信号（一般是枪声或笛声）发出后，手臂向上拉出发台，使髋关节以及身体重心向前下方移动，身体重心前移到出发台前面，屈膝、屈髋，手脱离出发台向前摆动（图10-1）。

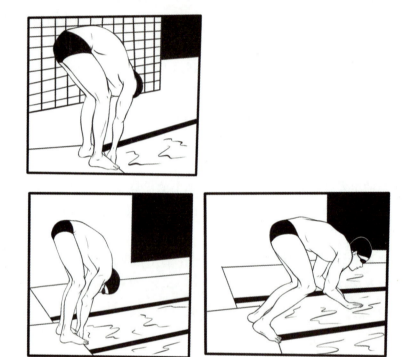

图 10-1 拉台动作

（三）离台

手脱离出发台后，两臂沿半圆形路线向前方伸展，直到形成预想的姿势，开始时手臂快速弯屈，向上移动到下颌的下面。当脚离台后手臂向前下方伸展。头的动作跟随在手臂之后，当脚离台，双臂向前下伸展时眼睛看下方。头部必须在脚离台之前开始向下移动，如果在脚离台时头向上抬，就难以在空中形成弓形，从而无法形成洞式入水。

随着手臂向前摆动，身体前移，当膝关节弯屈成约80度时，两脚伸展，牵引身体离开出发台。通过髋关节、膝关节和踝关节强有力的伸展完成腿部的蹬离动作。

蹬离时，出发台与腿之间的夹角称为蹬离角，这个角在40～50度。这样的角度可以使运动员呈弧形腾空，形成洞式入水。脚蹬离时，手臂向前下方伸展，眼看下方。

(四) 腾空

离台后，身体伸展在空中滑行，躯干越过空中最高点后，弯腰成弓形，之后两腿上抬，身体重新呈直线准备入水（图 10-2）。弯腰的目的是增大入水的角度，使身体各个部位能从一点入水，减小入水阻力。

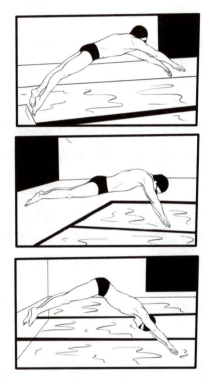

图 10-2 腾空动作

(五) 入水

入水时身体呈流线型，两臂两腿并拢且伸展，两手重叠，头在两臂的下面，整个身体依次从手入水的那个点入水（即洞式入水）（图 10-3）。

图 10-3 入水动作

(六) 滑行

入水后身体保持流线型滑行,一般到身体滑行速度接近游速时停止滑行,蛙泳项目一般滑行距离较长,滑行速度开始下降时做长划臂动作,将身体升到水面起游。

(七) 出水

不同比赛姿势的出水动作是不一样的。蛙泳出发滑行后一般做长划臂动作,两手先向外上方划水,这个动作与蛙泳划水的向外划水动作相似。两手外划超过肩宽后,屈肘屈腕,手掌向后抓水。抓水后,两臂保持高肘姿势向内、后、下加速划到胸下时,两手距离最近,同时肘关节屈至约 90 度。此时手臂向外上方转动,手臂向上、外、后方划到大腿上部。此时,长划臂动作的划水部分结束,身体保持流线型滑行(图 10-4①~⑥)。

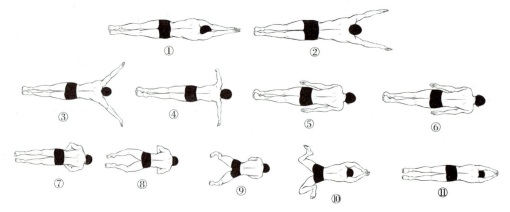

图 10-4 出水动作

加速划水将使身体前进速度明显加快,此时再次滑行,当滑行速度下降到接近游泳速度时,开始收手伸臂。为减小阻力,伸臂时,上臂和肘靠近身体,前臂和手掌贴着身体向前收。两手收到胸下时开始收腿,两臂继续前伸,接近伸直时开始加速蹬夹水（图 10-4⑦～⑪）。蹬夹水结束前，头部应上升到水面。随即划水、吸气开始正常的蛙泳动作。

短距离自由泳出发入水后，一般滑行距离较短，身体在水中的位置也较浅，很快接爬泳打水使身体上升到水面，随后开始划水、起游。也有部分爬泳运动员滑行后先做若干次水下海豚式打水，使身体升到水面，然后接爬泳划水动作。

蝶泳出发后通常先做快速水下海豚式打水动作，并逐渐使身体上升到水面，接正常蝶泳动作。但要注意水下海豚式打水的距离不能超过 15 米，以免犯规。

二、蹲踞式出发技术

蹲踞式出发像短跑的蹲踞式起跑，预备姿势两脚一个在前，一个在后。目前在短距离项目和爬泳比赛中有很多运动员采用蹲踞式出发，主要原因是这种出发离台速度快，而且重心低，比较稳定，不容易抢跳犯规。

（一）预备姿势

预备时，一只脚钩住出发台前缘，另一只脚踩在出发台后面的斜坡上。低头，两手抓出发台前缘，身体向后倾斜，重心在后脚上（图 10-5）。

图 10-5 蹲踞式出发的预备姿势

（二）拉台和离台

出发信号发出后，手臂拉动身体向前下移动，后面的腿先蹬离，前面的腿随即蹬离，同时手臂向前摆动。也有运动员将手臂先向后摆动，再向前摆动，增加手臂摆动的动量。

（三）腾空、入水、滑行和出水

离台后，身体沿弧线腾空飞行，过去人们认为蹲踞式出发飞行的弧线比抓台出发平一些，低一些，入水难以形成洞式入水，但现在许多采用蹲踞式出发的运动员腾空高度也较高，空中也有收腹提臀的动作，也能形成洞式入水。入水后的滑行、出水以及蛙泳长划臂、水下海豚腿都与抓台式出发没有太大区别。

三、摆臂式出发技术

摆臂式出发在比赛中常见于接力项目，虽然离台速度略慢一些，但由于蹬离力量大，腾空距离长，适合于配合娴熟的接力交接棒。

（一）预备姿势

预备时，两脚分开同肩宽，脚趾勾住出发台前缘，注意观察前一名运动员，并估算运动员触壁时间。

（二）摆臂和离台

离台前，手臂向后上画一个圆后再前摆，同时屈膝，身体重心前移，脚底后部先离开出发台随着腿蹬伸，脚蹬出发台（图10-6）。

图10-6 摆臂式出发技术

(三) 腾空、入水和起游

摆臂式出发与抓台出发相似，但摆臂式出发由于常在接力中使用，交接棒双方的配合十分重要。接棒者要善于观察和预测交棒运动员的游速和到边时机，既要提前做摆臂动作，增加腾空距离，又要使脚在交棒运动员手触壁后再蹬离出发台，以免抢跳犯规。

四、仰泳出发技术

仰泳是唯一一种从水下出发的竞赛项目。根据竞赛规则，在仰泳出发的预备姿势时，脚（包括脚趾）必须完全没入水中。仰泳出发可以分为预备姿势、蹬离池壁、腾空入水、滑行和出水4个部分。

(一) 预备姿势

发令员发出第一声长哨音后，运动员下水，在水中面对池壁，双手握住仰泳出发握手器。双脚贴住池壁，脚掌和脚趾应抵住池壁，脚后跟与池壁分开。腿弯屈，髋关节位于水中（图10-7）。

图10-7 仰泳出发的预备姿势

在"各就位"命令发出后，低头团身，屈肘用手臂向上拉起身体，臀部靠近脚后跟。

(二) 蹬离池壁

出发信号发出后，向后上方甩头，眼睛看游泳池的对面，随后立即用手臂向下推握手器，使身体向后上方冲出去。手臂一旦伸直，手立即脱离握手器，手臂尽快从头上摆动。同时，通过膝关节和踝关节的伸展将身体向上推离池壁（图10-8）。

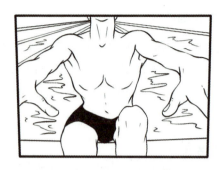

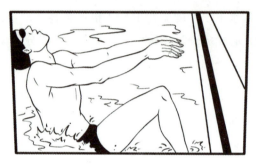

图 10－8　蹬离池壁

（三）腾空入水

蹬离后，身体在空中成弓形飞行，头向后仰，手臂在头上伸展，腿和脚也应伸展腾空。此过程中，尽量使全身在水面上方滑行。由于脚在蹬离池壁后有拖在水中的趋势，因此，要做到身体完全腾空，有一定的难度。不过，只要蹬离角度适宜，躯干充分反弓，小腿和脚就可以在腾空的大部分时间露出水面。

入水时身体应保持流线型，两臂前伸并拢，头夹在两臂之下，双腿和双脚保持伸展，尽量使身体的各个部分从相同的一点，即手和头入水的那一点入水。因为身体腾空的高度较低，要做到这点是比较困难的。所以，臀部的入水点通常在头入水点的略后方。为防止腿拖入水中，在入水时应向上抬腿（图 10－9）。

图 10－9　仰泳出发的腾空入水动作

(四)滑行和出水

入水后,手臂应略向上升,腿向下沉,使身体运动方向从向下转为向前(图10-10)。在前进速度下降到接近游速之前,应以流线型姿势滑行,之后开始打腿。许多仰泳运动员采用了水下海豚式打腿(不超过15米)的技术,大部分效果很好。因此,如果海豚式打腿效果较好,应充分利用这种技术。通过训练,在每次转身后应至少在水下打腿3～6次。如果海豚式打腿效果不好,最好在短暂滑行后做2～4次交替打水,然后划水使身体升到水面。出水动作应控制好,应在划水完成时身体正好露出水面,以免影响正常的节奏。在身体升到水面之前,不应向上抬头,否则将破坏身体流线型。身体一旦升到水面,应立即以适宜的频率游进。

图 10-10 仰泳出发的滑行和出水

第三节 出发技术的动作要点及练习方法

一、台上出发技术

台上出发的技术有3种,即摆臂式出发、蹲踞式出发和抓台式出发,在此仅介绍使用广泛使用的摆臂式和抓台式出发的动作要点和练习方法。

(一)动作要点

1. 预备姿势

站立出发台上,双脚与肩同宽,脚趾扣住池沿,弯腰,躯干贴近大腿,膝关节稍弯屈。双手抓住出发台前沿。

预备姿势的特点是臀部位置高,头的位置低。初学者由于害怕,往往预备姿势做出的与此相反,导致入水时动作变形。

2. 蹬出

身体前倾，将重心前移。当身体失去平衡时，用力蹬池边，伸展身体。眼睛看水面，手臂前摆，夹住头。蹬出的方向是前下方。对初学者的教学中向前下方蹬出很重要，因为初学者害怕容易抬头并打开髋关节，造成下身先入水。因此教练员要提示学员向前下方蹬出。

3. 入水

身体伸展，保持一定的紧张度。以头、肩、臀、腿的顺序依次入水。要蹬得远，像标枪插入地面一样地入水。

（二）练习方法

1. 陆上模仿

原地摆臂高跳。动作要求：高跳，摆臂后双手夹住头（大臂在头后），双手重叠（图 10 - 11）。

图 10 - 11　原地摆臂高跳

2. 水中练习

1）垂直跳水

（1）预备姿势：双臂夹住头（双手相握或重叠，肘关节伸直），站立池边（动作同陆上练习）。

（2）动作要求：在动作的全过程中保持双手夹住头和身体，身体绷直，保持流线型姿势。该练习的目的是学习出发后的空中姿态。

2）立定跳远跳水

（1）预备姿势：与陆地立定跳远预备姿势相同，脚趾扣住池边。

（2）动作要求：摆臂，双脚用力蹬出，跳入水中。尽量跳得远，体会双脚蹬出和手腿配合的动作。

3）坐池边跳水

（1）预备姿势：坐池边双臂夹住头（双手相握或重叠，肘关节伸直），坐池边。

（2）动作要求：身体前倒，手和头先入水，体会头先入水。

4）蹲池边跳水

（1）预备姿势：蹲池边双臂夹住头，双手相握或重叠，肘关节伸直。

（2）动作要求：重心前移之后，双脚蹬出。体会先重心移动，后蹬出的动作顺序。

5）弓箭步跳水

（1）预备姿势：站立池边，弓箭步（前腿弯屈，后腿伸直），脚趾扣住池边，双臂夹住头（要求同前）身体前倾，躯干贴近大腿，要求头低臀高。

（2）动作要求：身体前倒，当重心移出池壁时蹬腿，在空中时双腿并拢，头先入水。先移重心再蹬腿，在空中双臂夹住头，千万不要抬头。重点是手臂夹住头并且腿在空中伸直并拢。

6）池边夹头跳水

（1）预备姿势：在池边站立，双脚分开同肩宽，脚趾扣住池边，膝微屈，躯干尽量靠近大腿，手的动作要求同前。

（2）动作要求：身体前倒，重心移出池壁后用力蹬腿。尽量往远处蹬，向前、下方蹬出。此动作的重点是移动重心，站不住了再蹬腿，在空中身体和腿保持伸直的姿态。必要时可在同伴的帮助下体会重心移出的感觉。

7）出发台夹头跳水

站在出发台上做出发动作。所有的动作都要提醒学生手臂夹住头，不要抬头。该练习可以采取逐步提高难度的方法，先在池边，然后再上出发台。

8）摆臂出发

先在陆上做模仿练习。腿的预备姿势同前，双臂微屈放在体侧。手臂前摆时加大屈膝程度，摆臂经腿部时用力伸膝蹬地向上跳起，手臂动作同前抓台出发。所有动作要求与前面练习相同。预备姿势时手臂可以放在双脚中间或者两侧。

二、仰泳出发技术

（一）动作要点

1. 预备姿势

双手握住出发台的握手器，膝盖与肩同宽，双脚蹬池壁，脚跟离开池壁，应使脚趾蹬壁的力量垂直于池壁。听到各就位的口令时，手臂弯屈，头部靠近出发台，臀部尽量接近水面，以减少蹬出时水的阻力。

2. 蹬出

蹬出时，手臂推出发台并向上、后方伸展，头后仰，双手经身体上方后摆。蹬离池壁时背部反弓，眼睛看对面池端，双臂夹紧头部。手、头、身体依次入水（图10-12）。

图 10-12 仰泳出发技术的蹬出动作

（二）练习方法

1. 陆上模仿练习

蹲地摆臂模仿仰泳水中出发的动作，尽量往高跳。重点练习手腿配合的动作感觉（图10-13）。

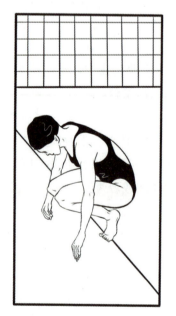

图 10-13 陆上蹲地摆臂练习

2. 水中背弓练习

(1) 预备姿势：一人站在岸上，双手与练习者相握，练习者呈预备姿势。

(2) 动作要点：练习者松手摆臂头后仰，挺胸，反弓背，脚用力蹬出，手、头、肩、躯干、腿，依次入水。重点体会空中和入水姿势（图 10-14）。

图 10-14 水中背弓练习

第十一章

转身技术

第十一章 转身技术

第一节 转身技术概述

转身是比赛中不可分割的一部分，比赛距离越长，转身就越重要。在长池比赛中，只有50米项目不需要转身，而在短池比赛中，任何项目都需要转身，而且短池比赛中转身次数的增加，使转身对比赛结果起着重要的作用。对比赛技术参数进行分析时，转身一般指从距离池壁5米开始，到转身后离开池壁10米为止，共15米距离内的动作。以1500米自由泳比赛为例，长池比赛需要做29次转身动作，与转身有关的距离达到435米，占总距离的29%。如果是短池比赛，则需要转身59次，距离885米，甚至超过了比赛总距离的一半。转身的重要性可见一斑。转身分为蛙泳和蝶泳转身、自由泳转身、仰泳转身和混合泳转身。

第二节 蛙泳和蝶泳转身技术分析

蝶泳和蛙泳的转身动作从触壁到转体再到滑行几乎没有什么区别，通常采用摆动式转身动作。

一、游近池壁

游近池壁时应注意观察距离，根据距离和自己的划频特点对动作进行调整，尽量在手臂移臂时触壁，以免再多做半个动作。游近池壁时不要减速，快速积极地完成最后一次划水动作，两手同时有力地触壁，使身体获得较大的转动动量。

二、转身

如果转身时脸朝左侧，那么左手迅速在水下向后伸。在向前的惯性作用下，右手手臂略微弯屈，身体贴近池壁，头露出水面。右手用力将上体推离池壁，两腿收紧向池壁摆动，右手手臂从空中与头和上体一起向与池壁相反的方向摆动，当上体摆动入水时，两手会合，同时两脚触壁，躯干没入水中。两脚触壁时，身体侧卧，两脚一高一低。

三、蹬离、滑行和出水

两脚触壁后立即用力蹬离池壁，身体伸展，手足并拢，呈流线型侧卧蹬出。蛙泳转身蹬离后，边滑行边转为俯卧。当滑行速度下降到接近游泳速度时，开始做水下长划臂动作。蝶泳转身蹬离后，也先以侧身姿势进行滑行，之后边在水下打海豚式腿，边转动身体，直到身体接近水面，并成俯卧姿势，开始正常蝶泳动作。

第三节　爬泳转身技术分析

一、爬泳滚翻转身

游泳竞赛规则规定爬泳转身和到边时可以用身体的任何部位接触池壁，因此在比赛中运动员一般都采用前滚翻转身，只用脚触壁、蹬壁，从而节省时间，加快速度。滚翻转身可以分为游近池壁、滚翻转身、蹬离、滑行、起游等几个阶段。

（一）游近池壁

运动员在游过距离池壁 5 米的池底标志线后，就要调整动作频率和幅度，准备转身。游近池壁时注意不要减速，根据个人身材和速度的不同，在适当时机完成最后一次划水动作。据研究发现，多数运动员在距离池壁 1.7～2 米时开始做最后一次划水动作（图 11-1）。

图 11-1　转身前划水动作

（二）滚翻转身

在距离池壁做完最后一次划水动作后，两手停留在体侧，两腿做一次海豚式打水,同时低头团身,向前滚翻。边滚翻,两手边向头前伸展。翻滚后头向一侧转动,身体略侧转,脚触壁时脚趾朝侧上方(图11-2)。

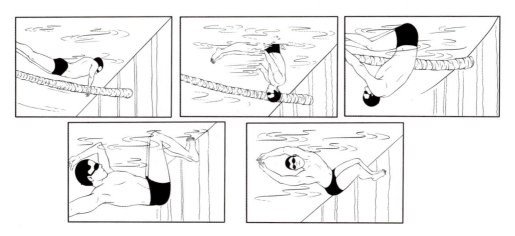

图 11-2　滚翻转身

(三)蹬离、滑行和起游

触壁后立即蹬壁,此时身体接近仰卧,但略向一侧转动。滑行和起游动作与出发后接近,只是由于蹬离时身体处于侧卧位,因此需要边滑行边转体。许多运动员为减小阻力,在蹬离后采用侧卧位置滑行(图11-3),并做海豚式打水,直到身体接近水面时开始划水。

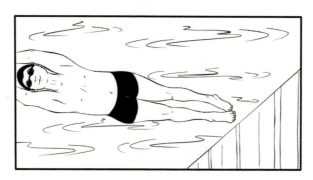

图 11-3　侧卧位滑行

二、爬泳摆动式转身

对于爬泳技术的初学者,前滚翻转身难度很大,可以先从摆动式转身(图11-4)开始学习,之后再过渡到滚翻转身,因为摆动时转身技术相对简单、容易。

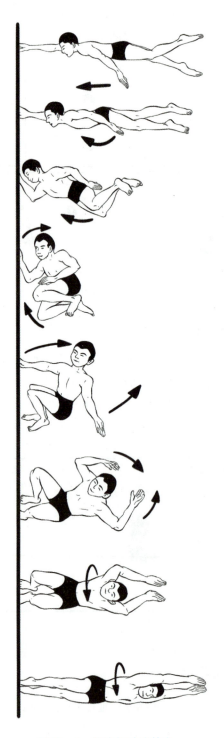

图 11-4 爬泳摆动式转身

（一）游近池壁

游近池壁时，快速积极地完成最后一次划水动作，身体侧卧，一臂前伸，一臂放在体侧，腿保持打水，直到前伸的手臂平直地接近池壁。

（二）触壁和转身

在向前的惯性作用下，触壁的手臂略微弯屈，身体贴近池壁。用力将上体推离池壁，两腿收紧向池壁摆动，前伸的手臂与头和上体一起向与池壁相反的方向摆动。

（三）蹬离

当上体摆动入水时，两手会合，同时两脚接触到池壁，躯干没入水中，两脚用力蹬离池壁，身体伸展，手足并拢，呈流线型侧卧蹬出。

（四）滑行和起游

蹬离后边滑行边转为俯卧。身体接近水面时，开始交替打水，身体升到水面后开始划水动作。

第四节 仰泳转身技术分析

游泳竞赛规则规定，仰泳转身时可以用身体的任何部位触壁。为加快转身速度，节省时间，目前运动员在比赛中几乎都采用前滚翻转身技术。仰泳的前滚翻转身与爬泳滚翻转身有许多相似之处，但仰泳转身是目前在游泳比赛中容易出现犯规动作的环节之一，常见的犯规动作是距离判断失误，身体转成俯卧姿势后不能在一次划水结束前进入滚翻动作，从而犯规。因此，需要运动员熟练掌握身体从仰卧姿势转变为俯卧姿势的时间。

一、仰泳滚翻转身

仰泳滚翻转身可以分为游近池壁、滚翻转身、蹬离池壁、滑行、起游等几个阶段。

（一）游近池壁

要做好仰泳转身动作，首先应能够在尽可能不左顾右盼来判断自己离池壁的距离。应根据仰泳转身标志线判断距离，然后通过数动作次数确定开始转身的时间。转身前最好不要看前面的池壁。

根据规则规定可以在距离池壁还有 2 次划水时开始转身动作,因此可以较早转为俯卧姿势,从而清楚地看到池壁,不必担心手臂或头部碰撞池壁。此外,就算对距离的判断略有偏差,也可以在转为俯卧姿势后,做最后一次划水动作时加以调整。要养成一过仰泳转身标志线,就开始数动作次数的习惯,并清楚地知道自己此时需划几次水就可以转成俯卧姿势。

(二) 转成俯卧姿势

在距离池壁还有 2 次划水时应该开始转身。第 1 次划水时身体处于仰卧姿势。在此次划水进行到一半时,身体应向划水臂一侧转动(图 11-5①②)。同时,另一臂在空中做类似爬泳的高肘移臂。当第 1 次划水的手臂划到胸下时,身体应完全转为俯卧姿势,此时另一臂正好入水(图 11-5③④)。手臂向内划水和向上划水的动作可以协助身体从仰卧转变为俯卧。

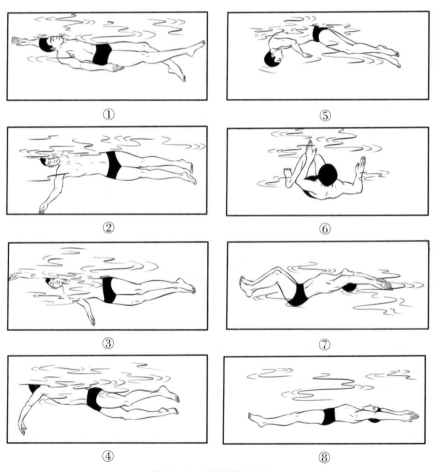

图 11-5 仰泳转身动作

（三）滚翻转身

当转变为俯卧姿势后，转身动作与自由泳滚翻转身十分相似，只是蹬离时和蹬离后身体成仰卧姿势。转身时，正在划水的手臂做一次有力的上划，然后将手臂停留在体侧。此时应目视池壁，以便对滚翻动作进行必要的调整。另一只手臂划水后同样停在体侧。头向胸部下压，同时做一次海豚式打腿，协助臀部上提（图 11-5⑤）。

两只手臂都到达体侧后，将双手向下旋转，使头部上升，脚向前翻转。在脚触壁之前，两手应在头前并拢，头应夹在两臂之间，手臂和上体成一条直线（图 11-5⑥⑦），这样当触壁时，就可以立即蹬离。脚应该在水下触壁，使身体在水下较深的位置蹬离，以便充分发挥水下海豚式打腿的作用。

（四）蹬离、滑行和起游

当身体仰卧蹬离池壁时，手臂和腿同时伸展，蹬离时身体应略向下倾斜（图 11-5⑧），以避免水面的波浪和湍流，而且有利于在较深的位置做海豚式打腿。滑行过程中身体从头到脚要保持流线型。

经过短暂的滑行后，开始做水下海豚式打腿，或者做 2~4 次交替打水，并开始划水，使身体升到水面。如果打腿技术好，应尽量利用水下海豚式打腿游进较长的距离。

在进行划水并使身体升到水面之前，先做几次仰泳打腿，然后在水下做一次划水动作，随着这次动作的完成，头露出水面。身体一旦升到水面，立即达到正常比赛的频率，不应有丝毫的耽搁。

二、仰泳摆动式转身

仰泳滚翻转身技术结构相对复杂，对练习者的专项技术要求较高，初学者掌握前滚翻技术难度较大，可以先从仰泳摆动式转身（图 11-6）开始学习，之后再过渡到仰泳滚翻转身，摆动式转身技术相对简单、易学。

（一）游近池壁

以左手到边、身体向左侧转身为例，游近池壁时，快速积极地完成最后一次划水动作，身体保持仰卧，左臂前伸，右臂放在体侧，腿保持打水，直到前伸的左臂平直地接近池壁。

（二）触壁和转身

身体保持仰卧在向前的惯性作用下，触壁的手臂略微弯屈，身体贴近池壁。用力将上体推离池壁，两腿收紧向池壁摆动，前伸的手臂与头和上体一起向与池壁相反的方向摆动。

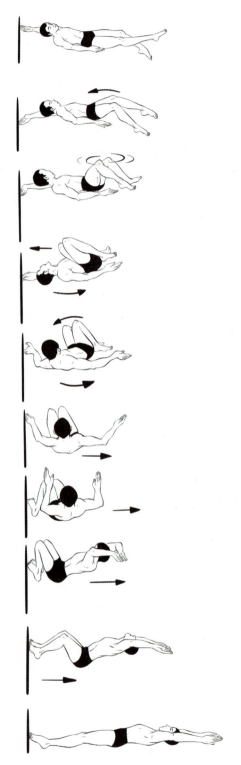

图 11-6 仰泳摆动式转身

（三）蹬离

当上体摆动入水时，两手会合，同时两脚接触到池壁，躯干没入水中，两脚用力蹬离池壁，身体伸展，手足并拢，呈流线型仰卧蹬出。

（四）滑行和起游

蹬离后身体始终保持仰卧滑行。身体接近水面时，开始交替打水，身体升到水面后开始划水动作。

第五节　混合泳转身技术分析

个人混合泳的游进顺序是蝶泳、仰泳、蛙泳和爬泳，因此在个人混合泳项目中需要掌握从蝶泳转为仰泳、从仰泳转为蛙泳和从蛙泳转为爬泳的转身技术。

一、蝶泳转仰泳

蝶泳转仰泳时到边和触壁的要求与蝶泳转身基本相同，要求两手同时触壁，触壁时两肩在同一水平面上，触壁后屈肘，头和肩露出水面，团身屈髋屈膝，身体绕冠状轴转动，使头和上体后仰，腿贴近池壁，一臂从头上经空中向后摆，另一臂经水中屈臂摆到头前，两脚蹬离池壁，身体成仰卧位流线型滑行后起游。

二、仰泳转蛙泳

混合泳中仰泳转蛙泳与仰泳转身的要求不同，规则规定转身时必须用手触壁，触壁前身体不能改变仰卧姿势。仰泳转蛙泳有几种不同的技术，一种是摆动式转身。这种技术相对简单一些，但速度也比较慢。以右手触壁为例，当右手触壁时，屈肘、团身屈膝，身体向右转动，同时右手经空中向头的方向摆动，以加速身体的转动，随即低头，身体没入水中，两脚触壁，身体成侧卧位从水下蹬出，边滑行边转动为俯卧位，然后接长划臂起游。

更多的高水平运动员采用滚翻式转身完成仰泳向蛙泳的转换。在游近池壁时，身体后仰下潜，手在水面下较深的位置触壁。之后用触壁的手向上向后推池壁，协助身体后滚翻转动。当脚翻转到头上时，触壁的手离开池壁，并从身体下方向头前摆动，另一臂经空中向前摆动，两臂在头前会合。两手会合后，两脚应已经翻转到池壁处，并接触池壁。

两脚触壁时，身体处于半侧卧位，脚趾朝侧上方。随着蹬离和滑行，身体逐渐转动至俯卧位置，并接长划臂和正常蛙泳动作。

三、蛙泳转爬泳

蛙泳转爬泳与蛙泳转身的要求和技术基本相同，只是在转身后蹬出和滑行的深度要浅一些，以便接爬泳打腿和配合。

第六节　转身技术的动作要点及练习方法

一、爬泳前滚翻技术教学与练习方法

（一）动作要点

（1）游近池壁不减速。

（2）最后一次划手加速结束时，先低头、后团身（屈髋、屈膝，像在陆地做的前滚翻动作）使身体绕横轴转动180度并绕纵轴转动90度，呈脚蹬池壁、双臂伸直夹住头的姿势。

（3）侧身的同时双脚用力蹬离池壁滑行。

（4）当速度减慢至游速时打腿，使身体上升。当头露出水面前，开始划手。

（二）练习方法

有条件可以先在垫上做前滚翻练习，或直接从池边练习开始，直至在水中练习。

（1）蹲池边前滚翻。团身，双手抱膝。蹲在池边，脚趾扣住池边。前滚翻入水。团紧身，转动180度入水后继续旋转180度（图11-7）。

图11-7　蹲池边前滚翻

（2）水中翻跟头（前滚翻）。借助蹬地的力量团身（低头、收腹、膝盖紧贴身体），也可以在水线上完成。

（3）池壁蹬出前滚翻。一手拉池边，另一手臂在水面前伸，屈髋、屈膝团身，双脚蹬池壁，头部在水面。从池边蹬出，借助蹬出的速度做前滚翻动作，要求团身紧、转动快。

（4）游进中（爬泳）翻跟头。游爬泳5次划手（保持一定的游速），最后一次划手加速，借助划手的速度，低头、团身转体360度，继续游进。反复练习。要求转身前不减速、团身紧、转动快。

（5）前滚翻蹬出练习。在池壁前做前滚翻后蹬出，蹬出时双臂紧夹住头，身体保持紧张。用力打腿，使身体浮上水面，当头露出水面时，开始划臂。

（6）完整练习。游近池壁不减速，团身紧，转动快，蹬出有力。

二、仰泳前滚翻转身技术

（一）动作要点（前滚翻要点与爬泳前滚翻相同）

（1）最后一次划手开始的同时，向划手一侧转动身体180度，成俯卧姿势。

（2）借助前进的惯性，低头、团身（屈髋、屈膝），使身体绕横轴转动180度。成仰卧团身姿势，脚蹬池壁，双臂伸直夹住头。

（3）蹬出。蹬出时双臂夹紧头部，身体保持紧张。用力打腿，使身体上浮，接近水面时开始第一次划手，使头露出水面。

（二）练习方法

在学习爬泳前滚翻的转身基础上学习仰泳前滚翻转身就很容易了。因为转动的过程是一样的。只需加上转身前的仰卧转俯卧和蹬边转动练习就可以了。

（1）由仰卧转为俯卧。保持一定速度仰泳游进，在游进的过程中利用划手转动身体呈俯卧。

（2）转动过程同爬泳，使身体绕横轴转动180度，转动后呈仰卧蹬出。

三、摆动式转身技术教学

初学者在各种泳姿中都可以使用摆动式转身。

（一）动作要点

（1）游近池壁不减速，双手触及池壁后，双臂弯屈，上体接近池壁的同时，屈髋、屈膝，使脚接近池壁。

（2）手推池壁，借助摆臂的力量使身体转动成俯卧。

（3）身体俯卧在水中，双手并拢前伸，双腿用力蹬离池壁。

(二)练习方法

1. 陆上模仿练习

(1) 触壁。双手同时触壁。

(2) 团身。双臂弯屈,肩部靠近墙壁,单腿屈膝向上,做团身动作。

(3) 转动。一脚前脚掌蹬壁,一手向前伸直,另一手在头上方摆动的同时转动身体,使腹部朝向地面。

(4) 蹬出。双臂夹头呈流线型蹬出。动作熟练以后再到水中去练习(图11-8)。

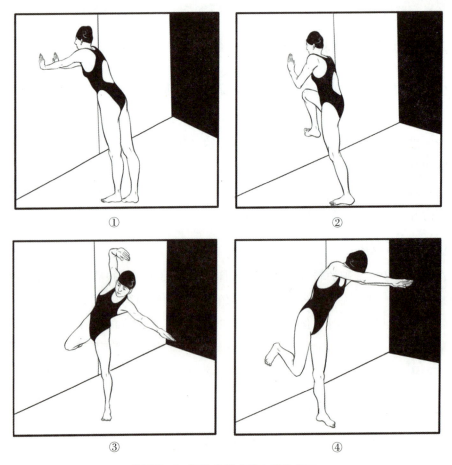

图 11-8 摆动式转身陆上模仿练习

2. 水中练习

(1) 接近池壁团身练习。

①预备姿势。俯卧水中,双臂夹头,双手拉住池边,眼睛看池底。

②动作要求。用力拉池边,借力屈髋、屈膝,使脚接近池壁。体会屈臂后迅速

屈髋、屈膝团身的动作，头部不要过早后仰。

（2）蹬离池壁练习。

①预备姿势。收下颌，双手拉住池边肘微屈，团身脚蹬池壁。

②动作要求。推壁身体后倒，一手从水下伸直，一手从水上摆动的同时转成侧卧蹬出。

（3）完整练习。把（1）和（2）结合起来进行。

第十二章

游泳救生

第十二章 游泳救生

第一节 游泳救生的起源和发展

一、游泳救生的起源

游泳救生是人类进入文明社会以后,随着社会的发展和满足人类在自然界活动的需要所产生并逐步形成的。地球上水的面积占 71%,所以人类在生存活动中必须与水打交道。人在水中与在陆地环境中的习惯相比,身体活动的姿势、呼吸的方式、活动的动力均有所不同。人类为了生存,如在水中用树木、竹竿、绳索等工具来自救和救助他人,就出现了最原始的,也是最简单的游泳救生方法。

二、世界游泳救生的发展

随着社会的发展和人们生活水平的提高,为了满足健身和娱乐的需要以及对水环境的开发和利用,游泳救生也随之得到了发展。游泳救生方法也从徒手救生逐步发展到使用各种器材救生,如救生杆、救生圈、救生板、单向呼吸阀、颈托等,大大提高了救生水平。

目前,已有一百多个国家和地区成立了游泳救生组织。英国皇家救生协会建于 1819 年,随后在美国、意大利、澳大利亚、法国、瑞典等国家也分别成立了游泳救生组织。1990 年,英国举办了第 1 届世界游泳救生锦标赛。

1993 年 2 月 23 日在比利时成立的国际救生协会(ILS)是由 1910 年成立的国际水上救生协会(FIS)和 1957 年成立的世界救生协会(WLS)合并而成的,它是游泳救生运动唯一的国际性组织,并得到世界卫生组织(WHO)、国际奥委会(IOC)、国际单项体育联合会总会(GAISF)、国际世界运动会协会(IWGA)及其他许多国际联合会组织的承认。

国际救生协会目前已拥有一百三十多个成员,中国救生协会于 2007 年正式加入国际救生协会。为了促进各国和地区救生工作的推广与水平的提高,国际救生协会定期举行世界锦标赛、俱乐部锦标赛及各种邀请赛,通过各项赛事活动,互相交流经验和技术,从而大力推动了救生事业的发展。国际救生协会主要开展以下 10 个方面的工作,以提高救生水平,完成救护生命的目标。

(1) 寻求最佳方式救助水上遇险的生命。
(2) 传授救生方法并进行水上救生教育。
(3) 交流水上救生经验。
(4) 鼓励和支持在世界各地开办水上救生学校。
(5) 与其他人道主义组织建立联系，将救生教学及活动推广到世界各地。
(6) 统一救生器材、汇总符号及管理办法。
(7) 广泛开展救生活动，定期组织救生比赛，激发人们对救生工作的兴趣，提升救生能力和自觉性。
(8) 定期召开国际代表大会，寻求相同人道主义组织，增进友谊，增加团结和合作的机会。
(9) 对水域或沙滩的污染采取措施，避免对使用者造成危险。
(10) 采取积极的措施，开拓新的救生领域。

三、我国游泳救生的发展

(一) 我国早期的游泳救生活动

据记载，江苏省镇江市是我国古代救生事业起步最早的滨江城市之一。早在南宋时期，镇江西津渡就是一个重要的长江港口，当时经济繁荣，水上交通发达，溺水事故也经常发生。公元1165~1173年，有一位名为蔡洸的官员在西津渡创办了救生会并创编了"扬子江救生船歌"；购置了5条大船，每条船上挂一旗帜，以"利、涉、大、川、吉"为标志，用以济渡救生；使用的船只均涂成红色，故又称之为"救生红船"；每条船均配备了从民间精心挑选出来的专门的救生人员。当时在镇江救生会的影响下，救生活动得到迅速发展，江西、安徽、湖北、四川以至整个长江流域的重要渡口，到处都能见到红船。

到了明清时期，官方在交通要道设立了专门的救生人员，特别是针对长江上游险滩建立了一套完整的救生管理体系。因使用的救生船支系有红色标志，故又习惯称为"救生红船制"。管理上主要实行官民共同管理制，运转经费以民间投资为主。政府也常下拨一些款项作为红船经费的补充。明清时期设置了以"救生红船制"为代表的救生机构后，减少了不少损失，挽救了许多生命。据记载，救生红船建立后"客舟绝少覆溺""每遇覆溺，全活其甚众"。明代救生红船有"一般五下余人尽行救活"的记录。清末甚至"若救活之人无行李者，给予路费，捞护尸身并给棺木石牌"的规定。

（二）新中国成立后游泳救生工作的开展

1. 加强游泳场所的管理

新中国成立后，党和政府十分重视游泳救生工作。1950 年，上海市人民政府颁布了上海市第一部体育法规《上海市管理游泳池规则》，第一次规定游泳池开放必须配备救生员。随后北京、天津、浙江等省市政府也先后颁布了加强游泳场所管理的规定。

2. 成立游泳救生组织、开展相关培训

1979 年，上海率先成立了我国第一个水上救生组织，上海市游泳救生委员会作为市游泳协会的一个下属委员会。1991 年，上海市游泳救生协会正式成立。在国家体育总局游泳运动管理中心的领导下，1998 年 8 月在上海举办了"全国第一届救生员高级考官培训班"，来自全国 35 个单位的 56 名人员参加了培训，并成立了中国游泳协会救生委员会。同年 11 月，派出中国救生考察小组赴香港进行学习和考察。1999 年，编写了中国救生员培训教材，并举办了两期全国高级救生员培训班。同年 10 月，在福建举办了首届"全国静水救生锦标赛"，并举办了首届"全国救生裁判学习班"，培养了我国首批游泳救生裁判。2004 年，中国救生协会成立。

3. 完善游泳救生工作的规章制度

中国救生协会成立以后，制定和完善了我国各级救生员的培训、考核制度以及救生员注册和管理的规章制度，互相交流培训与管理、训练与比赛等方面的经验，使我国救生事业迅速发展。中国救生协会积极加强与国际救生组织的交流与合作，先后组织有关人员赴澳大利亚和中国香港救生协会进行考察和学习，使我国救生事业从协会成立之初就与国际接轨，并得到迅速发展。

4. 建立并实施游泳救生员国家职业资格认证制度

20 世纪 80 年代以来，随着各地区游泳池数量逐年递增，救生员的需求量也不断扩大，救生工作的重要性和救生人员的业务水平的评判也随着形势的发展被提上了议事日程，引起了国家体育总局领导的高度关注。为此，国家体育总局职业技能鉴定指导中心适时地将救生员作为一项职业，纳入人力资源和社会保障部的管理范畴。游泳救生员国家职业资格认证制度的建立和实施是对我国游泳救生事业的完善，是实现游泳救生行业人才市场有序竞争的保证，是游泳救生行业服务社会和推动和谐社会建设的必然选择。

第二节　游泳救生的定义、分类、意义和基本原则

一、游泳救生的定义和分类

游泳救生是指人们在游泳活动中发生意外事故时所采取的救助措施。游泳救生可分为"游泳池救生"和"自然水域救生"。

（1）游泳池救生是指在人工建造的规则或不规则的游泳池、馆的救生活动。

（2）自然水域救生是指在江、河、湖、海等自然水域中的救生活动。

二、游泳救生工作的意义

游泳救生事业是一项拯溺救难的高尚事业，是人道主义精神和精神文明建设的具体体现。纵观世界游泳救生活动的开展，从少数国家开展到全世界范围内的普及，多年来这一庞大的民间组织为了拯救人类生命做出了不可磨灭的贡献。全世界参与游泳救生的人员在拯溺救难的过程中，向世人展示了他们舍己救人的风采，他们是默默无闻的英雄。随着人民生活水平的不断提高，参加各种游泳活动的人数越来越多，游泳救生工作也越来越受到各国政府及全社会的重视和关注。我国游泳救生活动在各级政府的大力支持下，在各级体育主管部门的努力工作下，为确保人民的身体健康和生命财产安全做出了积极的贡献，为群众性游泳活动的蓬勃发展提供了有力的保障。

三、游泳救生工作的基本原则

游泳救生工作的指导思想以及实践经验和教训告诫我们，"预防当头，贯彻始终"是消除一切事故隐患的基础和保障。在处理水上意外事故时，施救要准，在时间上要争分夺秒，做到就近、就便、就快；在施救方法上，操作要准确，要尽最大的努力挽救溺水者的生命。只有自始至终地坚持防和救相结合，才能有备无患，才能更好地为"保护人的生命和健康"作出贡献。根据游泳救生工作的指导思想和精神，结合我国游泳救生工作的具体情况，游泳救生的基本原则有以下几方面。

（1）岸上救生优于水中救生：岸上救生时，救生员处在居高临下的位置，视野宽广，利于观察和锁定目标，能更好地提高救助时的准确性和有效性，从而赢得宝贵的抢救时间。

（2）器材救生优于徒手救生：器材救生能够在保护自己的前提下，更安全、有

效、快速地救助溺水者。

（3）团队救生优于个人救生：团队救生时能发挥集体的力量和智慧，在救助时间上会更快，抢救操作上会更准确、有效，对溺水者的生命安全会更有保障。

（4）先救有意识后救无意识：施救者面对同时发生的多起溺水事故，先对有意识的溺水者进行救助，再去救助无意识的溺水者。

第三节　游泳救生的观察与判断

不同类型的溺水者在遇溺时的应对能力不同，在其自救、求救动作上也有所区别（表12-1），这就要求施救者能够准确地观察到溺水者的状况。

表 12-1　不同溺水者的常见表现

观察内容	清醒者			昏迷者
	疲劳溺水者	不会游泳溺水者	受伤溺水者	昏迷溺水者
呼吸	间歇呼吸	争取呼吸	间歇呼吸	没有呼吸
手脚动作	可能挥手	两臂横伸 上下拍水 两脚垂直 踢水或打水无效	受伤肢体 失去活动能力	没有动作
身体姿态	接近水平姿势	身体垂直	身体倾斜	俯卧（水面、水中、池底）
面部表情	焦虑	恐慌	痛苦	呆滞
移动能力	缓慢	或沉或浮	原位停滞	没有移动能力

一、对于易发生事故人群的观察

溺水者一般都会挣扎呼救，有些动作毫无规律、又快又慌乱、表现反常；有些面部表情呆滞；有些则露出痛楚惊恐的神情。最危险的一类是无挣扎、完全没有求救或呼叫行为的溺水者，如未能及时救助，便会导致悲剧的发生。

二、游泳救生的判断

游泳救生的判断是指施救者在实施救助时对观察的情况做出的反应。判断的正确与否，将直接关系到施救者采用的救生措施是否得当。

（一）判断的方法

1. 溺水者是否有意识

当在水中发现溺水者时，应首先采取看、听的方法。判断溺水者有无意识。如溺水者在水中挣扎并发出求救的喊声，则溺水者尚有意识；如溺水者在水中不能自主地支配肢体动作，并缓慢下沉或已沉入池底，则溺水者已丧失了意识。

2. 溺水者是否受伤

（1）有意识的溺水者：通过倾听溺水者自述，了解受伤的情况。

（2）丧失意识的溺水者：要检查溺水者的肢体，了解受伤的情况。重点查看溺水者的颈椎、腰椎是否受伤，是否发生外伤出血或肢体骨折。

（二）判断的要求

（1）能够根据不同情况，做出迅速、果断、准确的判断。

（2）能够根据判断的结果，采取及时、规范的救生技术。

第四节 救生游泳的基本技术

救生基本技术是指非竞技游泳且具有救生实用价值的游泳技术。救生游泳技术包括踩水、反蛙泳、潜泳等。本节重点就踩水、反蛙泳、潜水三项技术进行阐述，使游泳者掌握好自救、互救、赴救及其他水中作业的知识和技能，从而在实际应用中有效地发挥作用。

一、踩水

踩水的技术动作较多，身体位于水面的角度很大，接近直立，而水下脚腿的动作基本上归于蛙泳和螺旋式两种。其特点是技术动作简单、方便、省力且持久，头露出水面，便于观察水面情况，可做前、后、左、右方向的移动和拖带，实用价值较大。

（一）身体姿势

踩水时，身体直立水中稍前倾，头露出水面，稍收髋、两腿微屈勾脚、两臂胸前平屈，掌心向下，类似蛙泳臂。

(二)腿的技术

有两种腿的技术。一种是两腿交替蹬水。其身体在水中起伏不大,大腿动作幅度较小。做动作时先屈膝,小腿和脚向外翻,然后膝向里扣压,用脚掌和小腿内侧向侧下方蹬夹水。当腿尚未蹬直时往后上方收小腿,收腿的同时另一腿开始做蹬夹水的动作,两腿交替进行。腿的蹬水路线及回收路线,基本是椭圆形。

另一种方法是两腿同时蹬夹,同蛙泳腿动作相似,但大腿动作的幅度较小,用小腿和脚内侧向侧下方蹬夹水,当两腿还未完全蹬直时收腿,动作要连贯。

(三)臂的技术

两臂弯屈,手和前臂在胸前做向外、向内的摸水动作,手臂动作不宜过大。向外摸水时掌心稍向外,向里摸水时掌心稍向内,手掌要有压水的感觉,两手摸水路线呈弧形。

(四)腿和臂的配合技术

腿和臂的动作配合要连贯,一般是两腿各蹬夹1次,或两腿同时蹬夹1次,两手做1次摸水动作。采用两腿交替蹬夹水的配合时,通常是腿和手同时不停地进行。而采用两腿同时蹬夹水的配合时,两腿做蹬夹水动作的同时,两手做向外的摸水动作(图12-1)。

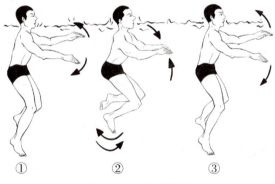

图 12-1 踩水动作

踩水时,呼吸要自然,随腿、臂动作的节奏自然地呼吸。用踩水技术游进时,身体要略前倾,腿稍向后侧蹬水。两臂向后拨水。后退游时,动作相反。也可以采用侧向前的技术,这时后腿应较为用力。

二、反蛙泳

反蛙泳,又称"蛙式仰泳",也称为"仰式蛙泳"。其动作简易,游起来既省力又能持久。在水中救助溺水者时,可用托枕、托颌和托双腋等多种方法用反蛙泳进行拖带运送。反蛙泳技术在游泳救生中起着重要作用。

(一) 反蛙泳的身体姿势

身体仰卧水中，自然伸直，脸部露出水面。

(二) 反蛙泳的腿部技术

反蛙泳腿的动作类似蛙泳腿的动作。但是由于身体仰卧水中，所以收腿、蹬腿时膝关节不能露出水面。收腿时，膝向两侧边收边分，大腿微收，小腿向侧下方收得较多。收腿结束时，两膝约宽于肩，脚和小腿内侧向后方对准蹬水方向，然后大腿发力，使小腿和脚内侧向后方做蹬夹水动作。

(三) 反蛙泳的臂部技术

两臂自然伸直同时经空中在肩前入水，然后屈臂高肘，掌心向后，使手和前臂对准划水方向，用力在体侧划水。划水结束后，两臂停留在体侧，使身体向前滑行，然后两臂自然放松从空中向前移臂。

(四) 反蛙泳的完整配合技术

反蛙泳的完整配合技术有2种。一种是臂划水与腿蹬夹水（移臂与收腿）同时进行。另一种是手划水和腿蹬夹水交替进行，但腿、臂各做一次动作之后身体自然滑行。两臂前移的同时，两腿缓慢收起，两臂将入水时，两腿同时蹬夹水。然后两臂自然并拢前伸，开始做臂划水动作（图12-2）。划水结束后，身体自然伸直并滑行呼吸，两臂入水后稍闭气，两臂划水时用口鼻均匀地呼气，在移臂时用力吸气。

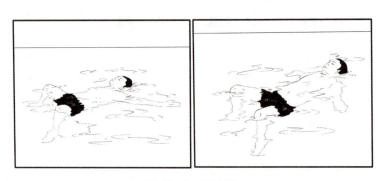

图12-2 反蛙泳

三、潜泳

潜泳是身体在水下不呼吸进行游泳的一种游泳技术。其特点是快速、准确。可根据深度、远近和方向进行潜深和潜远。在救护、打捞和水下作业方面充分体现其使用价值。潜泳技术分为潜深技术和潜远技术。

（一）潜深技术

一般是在 2 种情况下入水进行。一是从陆地上采用出发跳水的形式潜入水；另一种情况是从水面上潜入水，下面介绍从水面上潜入水的 2 种潜深技术方法。

1. 两腿朝下潜深法

在潜入以前两臂前伸、屈腿，然后两臂用力向下撑水，与同时，两腿做蛙泳的向下蹬水动作，使上体至腰部跃出水面，接着利用身体的重力，使身体向下，用直体跳水的姿势潜入水中。入水后，两臂做自下而上的推水动作（图 12-3），以增加下沉的速度。达到水底或预定的深度之后，立即团身，将头转向所需要的方向游进。

图 12-3　两腿朝下潜深法

2. 头先朝下潜深法

这种方法的预备姿势与上述方法相同，只是两臂向后下方伸出，两臂自下而上用力划水，头朝下，提臀举腿，两臂做蛙泳伸臂动作，向下伸直，利用两腿的重力作用，使身体潜入水中（图 12-4）。入水后，两腿向上做蛙泳腿的蹬水动作，以增加下沉速度。当达到需要的深度之后，通过两臂、头部后仰以及胸部和腰部后屈的动作，使身体由垂直姿势转为水平姿势。

图 12-4　头先朝下潜深法

（二）潜远技术

潜远技术分使用器材的竞技潜泳（属竞技项目）和不用器材的潜远技术两种，不用器材的潜远技术，主要有蛙式潜泳、蛙式长划臂潜泳及爬式潜泳。

1. 蛙式潜泳

蛙式潜泳是在水下用蛙泳的方式游进的一种技术。它的动作基本上与水面"平式蛙泳"相同。在游进中为了避免身体上浮，头的位置应稍低于蛙泳，头与躯干成一直线。臂划水的幅度要比蛙泳小（图12-5），收腿时屈髋较小。配合动作与"平式蛙泳"相同，只是滑行时间稍长。

图 12-5　蛙式潜泳的划臂动作

2. 蛙式长划臂潜泳

为提高潜泳的速度和远度，人们常采用蛙式长划臂潜泳方式。但在水下情况比较复杂的条件下，采用这种技术时要小心谨慎，防止出现意外。

1）躯干和头的姿势

躯干和头应完全成水平姿势。只是在开始划水时头稍低些，以防止身体浮起。

2）臂的动作

两臂向前伸直开始，紧接着做下滑动作，手掌和前臂内旋，稍勾手腕，两手向前下方做抓水动作，臂划水开始时稍慢。然后两臂逐渐向后内屈臂用力划水，划水时两臂自然提肘，使手和前臂尽量与划水方向接近垂直，当手划至肩下方时，肘关节屈成90～100度角（图12-6），然后肘关节由外侧向躯干方向靠拢，上臂带动前臂向后推水，推水完毕，两臂几乎在大腿两侧伸直，手掌朝上。划水结束后应稍有滑行阶段。长划臂划水路线见图12-7。移臂时两手外旋、屈肘，两手沿腹胸前伸，当手伸至颌下时，手掌开始内旋，掌心转向下方，在头部前方伸直并拢，然后准备做下一次动作。

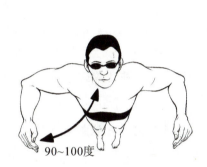

图12-6　蛙式长划臂潜泳的肘部动作　　图12-7　蛙式长划臂潜泳的划水动作

3）腿的动作

蛙式长划臂潜泳与蛙泳的区别是收腿时髋关节屈得较小，双膝分开也较少，蹬水向正后方，以免身体上浮。

4）腿和臂动作配合

收腿与臂前伸的动作几乎同时开始。臂前伸结束时，收腿结束，臂向前伸直后用力蹬夹水，蹬腿结束后，臂紧接着做划水动作，划水结束后，两腿伸直并拢，做滑行动作。

3. 爬式潜泳

这种潜泳姿势是两臂向前伸直，手掌并拢，头在两臂之间，只用双腿做爬泳打腿动作向前游进。

第五节 游泳救生的赴救技术

溺水是人们在游泳活动中最容易发生的事故。在游泳教学中,学生不仅要学习竞技游泳技术,还必须掌握游泳救生技术,以便在发生意外溺水事故时,能以最快的速度,在最短的时间内实施赴救,这对挽救生命起着重要的作用。游泳池赴救技术包括间接赴救技术和直接赴救技术两种。本节仅介绍基本的水上救生技术,有关救生的详细讲解,请参考相关救生教材。

一、游泳救生的间接赴救技术

游泳救生的间接赴救技术是指在游泳池内利用救生器材(如救生杆、救生圈、救生浮标等),对刚刚发生溺水事故还有行为意识、正在挣扎的溺水者,在池岸上,经过准确判断,在保证自身安全的前提下,优先选择的一种赴救技术。

1. 救生杆的使用

救生杆(图12-8)是游泳池最常使用的救生器材之一。施救者在使用救生杆进行施救时,要注意不能用救生杆捅、打,以免伤及溺水者。救生杆要始终放在救生员方便取拿的位置。

图12-8 救生杆

2. 救生圈的使用

救生圈(图12-9)也是游泳池内最常用的救生器材之一。施救者在使用救生圈施救时要注意,抛掷时一定要准确到位。在抛掷带系有绳子的救生圈时,手一定要握紧或用脚踩住绳子的另一端,当溺水者抓住救生圈后,要立即将溺水者拖至池边救起。救生圈要放在离救生岗位最近的地方。对带有系绳的救生圈要先进行整理,不打死结,保证急救时能安全快捷使用。

图 12-9 救生圈

3. 救生浮标的使用

救生浮标（图 12-10）是国际上普遍采用的救生器材之一。它通常是用泡沫材料制成的，以红色为底色，末端附有手环或扣结。在施救过程中可以给施救者和溺水者安全感，救生浮标可顶替救生圈使用，方便拖带溺水者，适用于各种溺水情况。特别是对近岸游泳初学者、体力不支的游泳者和抽筋游泳者进行施救。根据溺水者距岸边距离的不同，可采用岸上手持浮体救援、岸上手持绳带抛浮体给溺水者救援和背救生浮标下水救援的办法。救生浮标是抢救深水脊柱损伤溺水者的必备器材，在施救时使用救生浮标可以起到增加浮力和保持稳定的作用。

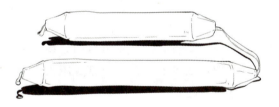

图 12-10 救生浮标

4. 手援

手援（图 12-11）是指徒手进行施救的一种方法，但要注意施救时自身的安全。手援救生主要是针对岸边突然落水者，上岸时因体力不支再次落水的游泳者以及近岸 1 米左右溺水人员的施救。手援救护方法使用时，要求溺水者清醒、有判断能力，一般在溺水者刚落水时使用。

图 12-11 手援

5. 其他救生器物的使用

在游泳池有人发生溺水时,由于情况危急,施救者要利用一切可以使用的器物施救,如长毛巾、打水板、绳子、木棍、有浮力的物品等。

二、游泳救生的直接赴救技术

直接赴救技术适用于距离游泳池边较远处发生的溺水事故,是指对于尚有行为意识、正在挣扎或无行为意识的溺水者且不能采用救生器材的情况下,施救者直接入水与溺水者直接接触进行的救助。直接赴救技术由入水、接近、解脱、拖带和上岸5个技术环节组成。

(一) 入水技术

入水动作是否正确对抢救溺水者、争取抢救时间、提高生存机会起着决定性作用。施救者入水之前,应及时脱去外衣、鞋等以减少阻力,便于施救。入水通常有跨步式、蛙腿式、鱼跃浅跳式等姿势。

1. 跨步式入水

施救者距离溺水者较近时可采用此技术。目视溺水者,一脚前跨,另一脚脚趾紧扣池边,并用力蹬地,在空中两腿一前一后呈弓步,上身含胸前倾,两臂侧举,肘部自然弯屈,掌心向前下方(图12-12)。入水后,两手向前下方抱压水,同时两脚做蹬水动作,形成向上的合力,使施救者的头部始终保持在水面上,眼睛始终不离赴救目标。

图 12-12 跨步式入水

2. 蛙腿式入水

蛙腿式入水与跨步式入水的适用范围相同。目视溺水者，单腿或双腿蹬离池岸，跃起时两腿做蛙泳收腿动作，含胸收腹，两臂侧举，肘部自然弯屈，掌心向前下方（图 12-13）。入水后，两腿向下做蛙泳蹬夹动作。同时，两手臂向下抱压水，形成向上的合力，使施救者的头部始终保持在水面上，眼睛应始终不离赴救目标。

图 12-13 蛙腿式入水

3. 鱼跃浅跳式入水

当施救者距离溺水者较远时，可采用鱼跃浅跳式入水。可根据实际情况，选择救生台、池岸边或在跑动中起跳。起跳是靠腿蹬离池岸，躯干同时用力伸直，两臂由下而上摆动入水。腾空时，双臂及两腿伸直（图 12-14）。入水要浅，头部尽快出水锁定赴救目标。

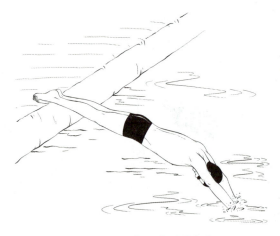

图 12-14 鱼跃浅跳式入水

4. 直立式入水

当施救者所在位置较高，同时施救者明确池水有足够的深度时，可采用脚先入水的跳水技术。入水时，全身与水面保持垂直，脚先入水，一手捏鼻，一手护下腹或护胸（图 12-15）。如身穿救生衣，则两手肘部紧压救生衣。入水后，双手及时向下压水，两脚做蹬夹动作，力求尽快上浮寻找施救目标。

图 12-15 直立式入水

（二）接近技术

直接接近溺水者，具有很大的危险性，特别是对那些尚有意识、正在水中挣扎或在水质混浊的自然水域中的溺水者，如果接近方法不正确，将会发生危险。下面介绍水中接近的几种方法。

1. 背面接近救生技术

在接近溺水者之前，先从溺水者下沉中心点以外的1~2米处潜入水中，如果水质透明度较好，可以直接观察。遇到溺水者时，先伸出一只手接触背后，紧接着将身体紧贴溺水者的背后，以防止溺水者转身紧抓，然后用另一只手穿过溺水者的腋下托住其同侧下颌，另一只手用力划水使两个人一起浮出水面（图12-16）。如果溺水者挣扎乱动，施救者应迅速紧贴溺水者背后，用双手加以控制。如果溺水者企图转动，施救者也应随之转动，防止溺水者乱抓。溺水者平稳后，应迅速用一只手穿过溺水者腋下托住其下腋，另一只手用力划水，两脚用力蹬水使两人一起浮出水面。

图 12-16　背面接近救生技术

2. 侧面接近救生技术

当溺水者尚未下沉，特别是两手在水面上挥舞挣扎时较适合采用此方法游至溺水者3米处，有意识地转向溺水者侧面游进，看准并果断、利索地用同侧手抓握住换气中的溺水者近侧手腕部，将溺水者拉向自己的胸前。然后，右手托腋下，另一手从溺水者的左肩处夹胸托右腋，控制溺水者或双手托腋下（图12-17）。

图 12-17　侧面接近救生技术

3. 正面接近救生技术

正面接近技术是施救者入水后，游至离溺水者 3 米左右急停，下潜至溺水者髋部以下，然后双手扶溺水者髋部，将溺水者转体 180 度。然后，右手托腋，另一手从溺水者的左肩处夹胸托右腋或双手托腋（图 12-18）。

图 12-18　正面接近救生技术

（三）解脱技术

施救者在水中施救溺水者时，被头脑不清醒、正挣扎的溺水者抓住后，施救者应及时采取解脱的方法。由于在施救过程中，溺水者在一瞬间可能会从前方抓、抱施救者的手、颈、腰、臂或腿等部位，也可能从后面抓、抱住这些部位，所以，解脱的方法和手段也各有差异。下面介绍几种解脱方法。

1. 单手（臂）被抓解脱（转腕解脱）

以右手为例，当施救者右手被溺水者的右手抓住时，可将被抓的右手上提，向溺者右手虎口的相反方向转腕、外翻、下压、解脱，并用右手及时抓住溺水者的右手腕部位向右拉出，使溺水者背贴自己前胸，另一只手夹胸控制住溺水者（图 12-19）。

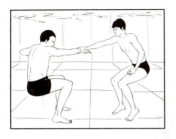  

图 12-19 单手被抓解脱

2. 颈部被抱持解脱（上推双肘解脱）

当溺水者还没有抱紧施救者时应采用的方法。当被溺水者抱住颈部时，施救者要及时内收下颌，以防止气管被夹住。施救者下沉，双手上推溺水者的双肘关节，同时头部下抽，趁势抓握住溺水者的一只手腕，将其转至背贴自己前胸的位置，然后夹胸控制（图 12-20）。

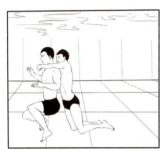  

图 12-20 颈部被抱持解脱

3. 腰部正面被抱持解脱（夹鼻推颌解脱）

施救者一只手的食、中指紧夹溺水者的鼻，掌心盖住溺水者的嘴，并用掌根托住溺水者的下颌，用力向前方推出，迫使溺水者头部后仰，另一手紧抱溺水者腰，并用力向自己方向压，迫使溺水者松开双手，之后及时将溺水者转体180度，夹胸控制住（图 12-21）。

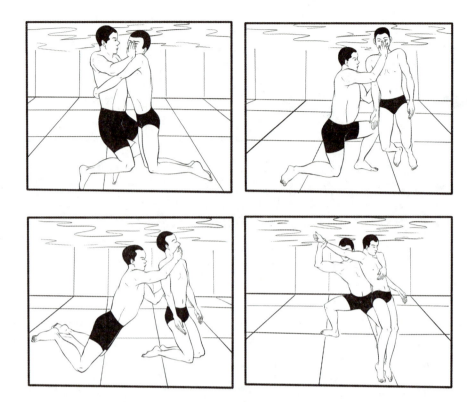

图 12－21 腰部正面被抱持解脱

4. 腰部背面被抱持解脱（扳指解脱）

施救者应先分清溺水者抱持自己时哪一只手在外，如被溺水者用手指交叉的方法锁住，可做扳指解脱动作，先扳溺水者在外侧手的手指，使之松开后用力向外展开，然后外扳另一手指，松开后用力向外展开，使两臂呈侧平举。施救者向左下方下沉，从溺水者右腋下移至其背后，将右手放在溺水者的腰背部，前拨溺水者，左手托溺水者左腋的同时，右手夹胸控制住溺水者，或右手托其右腋的同时，左手夹胸将其控制住（图 12－22）。

图 12－22 腰部背面被抱持解脱

使用解脱技术应注意以下事项：

（1）当被抓、抱持后，施救者应保持冷静，切勿在还未搞清自己是怎样被抱持时，就匆忙做解脱动作。

（2）解脱动作应迅速、有效，用力适当，以免伤害溺水者。

（3）解脱后，应及时、有效地控制溺水者，以便拖带。

（四）拖带技术

拖带技术是指在水中施救者利用侧泳、反蛙泳等各种不同的游泳技术，将溺水者拖带到岸边的一种方法。无论采用哪一种拖带方法都应使溺水者的口鼻保持在水面上，以保证溺水者的呼吸。在拖带的过程中，还应该根据溺水者的溺水情况来选择拖带的方向，下面介绍常用的几种拖带方法。

1. 托双腋拖带法

托双腋拖带法比较省力，易于控制溺水者。施救者双手托在溺水者的两侧腋下，以拇指分别紧握溺水者上臂两侧，用反蛙泳蹬腿动作进行拖带（图12-23），这种方法适用于昏迷或有些骚动的溺水者。

图12-23　托双腋拖带法

2. 托枕拖带法

托枕拖带法是施救者用单手的"虎口"托住溺水者的后脑（枕部）（图12-24），用力握住两侧，采用侧泳或反蛙泳前进。

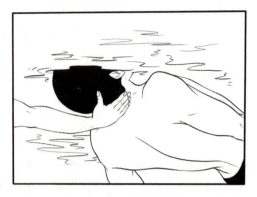

图 12－24　托枕拖带法

3. 夹胸拖带技术

夹胸拖带技术较适用于身材高大的施救者拖带矮小的溺水者。以右臂为例，施救者右臂由溺水者的右肩上穿过，上臂和肘紧贴溺水者胸部，右腋紧贴溺水者右肩（图 12－25），左手抄于溺水者的左腋下，并以此为拖带的用力点。在运送过程中，施救者可用右髋顶住溺水者的腰背部，使溺水者保持水平位置，便于拖带。施救者可以根据自己的技术特长，采用蛙泳腿或侧泳腿技术。

图 12－25　夹胸拖带技术

4. 托颌拖带技术

施救者双手托住溺水者的下颌骨两侧（图 12－26），使溺水者的口鼻始终保持在水面上，用反蛙泳技术游进。

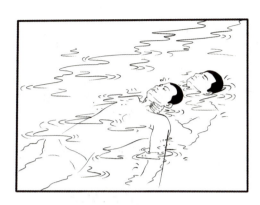

图 12-26 托颌拖带技术

使用拖带技术应注意以下事项:

(1) 拖带过程中,要始终保持溺水者口鼻露出水面。

(2) 运用夹胸拖带和双手托颌拖带技术时,注意不要压迫溺水者的颈部。

(3) 拖带时要控制好溺水者,不能脱手。

(4) 要选择最短的距离上岸。

(五) 上岸技术

上岸是指施救者将溺水者从水中送上池岸的一种救助方法。由于游泳池边的建筑结构和溺水者的受伤情况不同,上岸的方法也各有区别。

1. 单人上岸技术

(1) 将溺水者拖带至池边,先用左手抓池边定位,再将溺水者移至池边。

(2) 用右手将溺水者左手压在池边。然后左手移压在溺水者的左手背上腾出右手。

(3) 用右手抓住溺水者的右手,移至与溺水者的左手重叠,并用右手将溺水者的双手紧压在池边,左手抓攀池边,在溺水者的左侧上岸。

(4) 上岸后,右手不能离开溺水者重叠的双手并右转,面对溺水者。然后救生员用左手紧抓溺水者左腕,右手抓握溺水者右腕 (图 12-27①)。

(5) 紧抓溺水者手腕稍上提,使溺水者转体 180 度,背对池边 (图 12-27②)。

(6) 双脚开立,双手先将溺水者向上预提一下 (利用水的浮力),然后用力将溺水者上提,使其臀部高于池面后,移至池岸。

(7) 右手紧抓溺水者右手上提,防止其倒下,脱出左手移至溺水者颈背部或腋下保护溺水者。

(8) 用右手将溺水者的双腿在原地旋转 90 度 (图 12-27③),让溺水者呈仰卧姿势。

图 12-27　单人上岸技术

2. 双人上岸技术

（1）将溺水者拖带至池边后，以夹胸的右手顺着溺水者的左手臂移至腕部握紧并交给池岸上接应的施救者，接应施救者用左手反握溺水者的左手腕部。

（2）握住溺水者的右手前臂上举，接应施救者右手抓握并使溺水者背对池岸。接应施救者将溺水者向上预提，放下后再用力上提，水中施救者可协助上托溺水者上岸，将溺水者放平呈仰卧姿势。

第六节　游泳救生的现场急救

一、发生溺水的原因和过程

发生溺水时溺水者会本能地挣扎求助，呼救时可能发生误吸，溺水会刺激人体过度通气，使溺水者主动吸气，同时溺水者可能会有不同程度的喉痉挛，这一系列改变会导致低氧血症。低氧血症及其产生的酸中毒可能会导致心脏骤停和中枢神经系统缺血，甚至会导致溺水者死亡。发生溺水事故的原因诸多，主要有：

（1）游泳者自身的状况、技术，体力不支，恐慌挣扎。

（2）开放游泳场所管理存在缺陷。

（3）救生员的漏看等。

加强社会安全宣传教育，提高自我防范意识，狠抓游泳场所管理制度，增加救生员职业道德教育与技术培训等能大幅减少溺水事故的发生。然而，由于上述原因的存在，时常会发生意外溺水事故。我们从图 12-28 中可以看到一般溺水的过程。

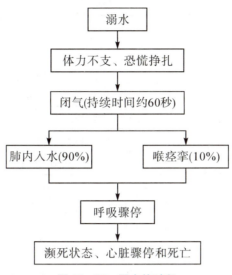

图 12-28 溺水的过程

二、溺水的分类

窒息导致缺氧形成低氧血症是溺死的主要原因。溺水时窒息缺氧的类型有两种（表 12-2）：

表 12-2 溺水时窒息缺氧的类型

类型	百分比/%	肺内	窒息原因
干溺	10～15	没有水或少量水	过度紧张、恐惧，主动屏气使喉和气管痉挛
湿溺	85～90	大量水或异物	肌肉松弛，舌肌和会厌松弛后坠，阻塞咽部

三、溺水后的生理变化和临床表现

（一）溺水后的生理变化

溺水实质上是一种特殊型急性呼吸功能衰竭。溺水者被淹溺后因过度紧张而屏气，造成喉、气管痉挛，发生窒息、缺氧；屏气到一定程度又开始主动呼吸，大量水涌入口、鼻中，使肺丧失通气功能，加剧缺氧、二氧化碳潴留和酸中毒，这一系列的病理、生理改变会导致低氧血症（表 12-3）。

表 12-3 溺水后的生理变化

溺水时间	症状
10 秒以内	头晕、恶心
10~20 秒	昏厥或抽搐
30~45 秒	昏迷、瞳孔散大
60 秒	呼吸停止、大小便失禁
4~6 分钟	脑细胞开始发生不可逆转的损害
10 分钟	脑细胞死亡

因此，为了挽救生命，避免脑细胞的死亡，就要求对心脏骤停的溺水者立即进行现场心肺复苏。复苏的成功不仅表现在使心跳、呼吸恢复，更重要的是避免大脑正常功能受到损害。

注：缺氧的时间和程度是决定溺水者愈后状况的重要因素，避免低氧血症的发生是救治的重点。

（二）溺水后的临床表现

根据溺水发生时的情况（如溺水时间的长短、吸入液体的多少）以及临床表现，可将溺水分为轻度、中度和重度（表 12-4）。

表 12-4 溺水的分级

程度	时间/分钟	临床表现
轻度	<1	神志清醒，仅血压升高、心率增快
中度	1~2	神志模糊，呼吸浅慢、不规则，血压下降，心率减慢，反射减弱
重度	3~4	面部肿胀、青紫，双眼充血，口、鼻、气管内充满血性泡沫。肢体冰冷，烦躁不安伴抽搐，两肺有弥漫性湿性啰音，心音弱或心律不齐

人体大脑是高度分化和耗氧最多的组织，对缺氧最为敏感。脑组织的重量虽然只占自身体重的 2%，但其血流量却占心输出量的 15%（约 800 毫升），而耗氧量则占全身耗氧量的 20%。

（三）溺水者心搏、呼吸突然停止时的临床表现

心搏、呼吸停止与否，应综合判断。

（1）意识丧失，溺水者昏倒。

（2）面色苍白或转为紫绀。

（3）瞳孔散大。

（4）颈动脉搏动消失，心音消失。

（5）部分溺水者可有短暂而缓慢叹气样或抽气样呼吸，或有短暂抽搐，伴头眼偏斜，随即全身肌肉松弛。

四、现场急救的目的、原则和要求

（一）现场急救的目的

现场急救是整个施救过程中最重要的措施之一。现场急救的目的是抢救生命，提高生存率，减轻病痛，防止病情恶化，降低伤残率。

（二）现场急救的原则

(1) 溺水者尽快脱离水域；
(2) 先复苏后固定；
(3) 先止血后包扎；
(4) 先重伤后轻伤，先救命后救伤；
(5) 先救治后运送；
(6) 急救与呼救并重；
(7) 加强途中监护与救治。

（三）现场急救的要求

首先，游泳场所应建立一整套对溺水者进行现场急救的施救预案，有组织地开展现场急救工作。施救人员应分工明确，措施得当，方法正确，一旦出现险情要保证施救工作能有序展开。其次，要由游泳场所的法人代表选定邻近的医疗机构（二级以上综合性医院）挂靠，并事先要了解和熟悉最佳运送线路，确定联系人和电话号码。

第七节　溺水者的心肺复苏

心肺复苏是针对心跳、呼吸停止所采取的抢救措施，即用心脏按压或其他方法形成暂时的人工循环并恢复心脏自主搏动和血液循环，用人工呼吸代替自主呼吸并恢复自主呼吸，达到恢复苏醒和挽救生命的目的。心肺复苏技术的3大要素是口对口人工呼吸、胸外按压和体外除颤。

一、心肺复苏的过程

（一）基础生命支持阶段

溺水后 4 分钟内的初始处理阶段为基本生命支持阶段，包括畅通气道、人工呼吸、建立循环 3 个步骤，以维持有效的呼吸和循环，为尽快转送到医疗单位创造条件。初始处理阶段在心肺复苏中占重要地位，是心肺复苏成功的第一步。

（二）高级生命支持阶段

高级生命支持阶段为心脏骤停后 5～10 分钟内的第二个处理阶段，此阶段为复苏或高级生命支持阶段。一般在医疗单位中进行。包括建立静脉输液管道、药物治疗、电除颤、气管插管、机械呼吸等一系列维持和监测心肺功能的措施。

（三）后续生命支持阶段

后续生命支持阶段也称后期生命维持阶段，是继第二个阶段之后的以脑复苏为重点的心肺脑复苏工作。在继续维持心肺功能的基础上尽快实现脑复苏。

二、心肺复苏的有效指标

心肺复苏操作是否正确，主要靠平时严格操练，掌握正确的方法。心肺复苏的有效标志是，除可触摸到大动脉开始搏动外，同时也应出现脑复苏的征象。而在急救中判断复苏是否有效，可以根据以下 4 个方面综合考虑。

（一）瞳孔

复苏有效时，可见瞳孔由大变小。如瞳孔由小变大、固定、角膜混浊，则说明复苏无效。

（二）面色

复苏有效时，可见面色由紫绀转为红润，手足温度略有回升。如溺水者面色变为灰白，则说明复苏无效。

（三）颈动脉搏动

按压有效时，每一次按压可以摸到一次搏动。如停止按压，搏动亦消失，应继续进行心脏按压。如停止按压后，脉搏仍然跳动，则说明溺水者心跳已恢复。按压时，如有条件可监测血压。

（四）神态

复苏有效时，可见溺水者有眼球活动，睫毛反射与对光反射出现，甚至手脚开始抽动,肌张力增加。

三、终止心肺复苏的条件

心肺复苏的目标是挽救生命,缓解痛苦、减少病残和使"临床死亡"的溺水者逆转。在现场抢救中应坚持连续进行心肺复苏,不能简单地做出停止复苏的决定。心肺复苏的终止条件有以下几种:

(1) 自主呼吸及心跳已恢复良好。

(2) 有其他人接替抢救,或有医师到场承担了复苏工作。

(3) 有医师到场,确定溺水者已死亡。在将溺水者用救护车运送去医院途中,也必须持续不断做心肺复苏,并保证心肺复苏的质量。

四、心肺复苏训练中的安全问题

在徒手心肺复苏实际操作和训练中,练习者的自身安全日益引起游泳救生界的重视。练习者在平时训练或考核中,如果依照"一人一次"消毒原则并按照模型说明书仔细清洗模型,感染艾滋病、乙型肝炎以及细菌和霉菌疾病的可能性很小。

在训练期间,首先不要让唾液或体液留存在模型上。每一名练习者做口对口呼吸前要进行一次消毒。其次,模型内部的,如瓣膜、人工肺、气道等,在训练中也会受到污染,每次使用前都要对其表面和内部组件进行清洗和消毒。

五、心肺复苏的操作步骤及方法

心肺复苏是挽救溺水者生命的最初阶段,如果不及时或方法错误,将导致整个复苏措施的失败。因此,救生员在游泳池发现溺水者时,应该首先判断溺水的严重程度,并采取合理的评估和处置措施。所以心肺复苏必须严格按照以下步骤实施。

(一) 判断心搏、呼吸是否骤停和呼吸道是否畅通

1. 判断溺水者意识

溺水者被救上岸之后,应轻拍其面部,或摇动肩部,高声喊:"喂!你怎么了!"以试其反应,如果没有反应,立即用指甲掐压人中穴,合谷穴约5秒。高声呼喊溺水者,对其轻拍、呼唤,如果没反应表明已无意识,应立即高声呼救,同时拨打"120"急救电话并告知事发现场的详细地址和溺水者的症状。

2. 使溺水者保持急救体位

将溺水者放置适当的体位,如果溺水者上岸后是俯卧或侧卧,应小心转动使其身体呈仰卧姿势,并使其头颈部与躯干成一条直线,且头部不能高于心脏的位置,双手置于躯干两侧,以便进一步施救。

3. 打开溺水者的气道

呼吸道又称气道，畅通气道是施救成功的重要环节，如果气道不畅通，则对口吹气无效，胸外按压无用，后期处理（如用药除颤、脑恢复）也将失败。由于溺水者意识丧失舌肌松弛，舌根后坠，会厌下坠，头部前倾或有其他异物堵住，造成咽喉部气道阻塞。所以，施救时应先清理溺水者口鼻内的污物等，使呼吸道畅通，一般现场施救采用手指清除法。

采用手指清除法时可将溺水者头部后仰并转向一侧，利用毛巾、指套或纱布保护好食指、中指，再抠出口腔内的阻塞物。

4. 判断溺水者是否有呼吸

如果溺水者无反应，打开气道后救生员应判断溺水者是否无呼吸或通气不足。在开放气道的情况下，通过看、听、感觉、观察并判断溺水者有无呼吸活动。保持开放气道位置，用耳贴近溺水者口鼻，头部侧向溺水者胸部，眼睛观察溺水者胸部有无起伏，面部感觉溺水者呼吸道有无气体排出，耳听溺水者呼吸道有无气流通过的声音。

（二）人工呼吸

经检查如发现溺水者无呼吸，应立即进行呼吸支持，尽最大努力挽救溺水者的生命。人工呼吸的方法主要有口对器械（如隔离膜、面罩）、球囊对面罩、口对口、口对鼻、气管插管以及其他替代性的、非侵袭性的开放气道技术，施救人员可以根据自身与溺水者的具体情况，即现场的具体条件选择使用。

1. 口对面罩人工呼吸

将面罩置于溺水者面部。施救者用双手拇指与食指围绕面罩边缘施压以形成完整的密闭，其余手指推举溺水者下颌使其头后仰（疑有颈椎损伤的溺水者忌仰头伸颈）以开放气道，施救者吸气后口含面罩用嘴向溺水者吹气（图12-29）。

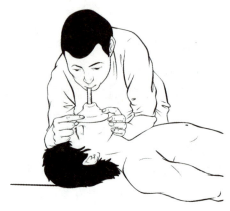

图12-29 口对面罩人工呼吸

2. 球囊对面罩人工呼吸

面罩的使用操作同口对面罩人工呼吸，只是手捏充气气囊代替以口向溺水者吹气（图12-30）。

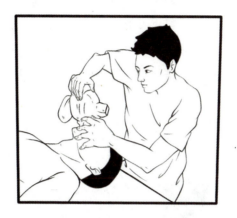

图 12-30　球囊对面罩人工呼吸

3. 口对口人工呼吸

保持溺水者的呼吸道通畅开放，以拇指与食指捏住溺水者鼻翼而封闭其鼻腔，以防吹入气体从鼻腔溢出。然后施救者吸一口气用自己的口唇包住并紧贴溺水者口唇，将吸入气缓慢均匀地送入溺水者口内直达肺部（图12-31）。

图 12-31　口对口人工呼吸

4. 口对鼻人工呼吸

一手按于前额，使溺水者头部后仰，另一手抬起溺水者的下颌，并使口部闭住。吸气后，施救者用嘴封罩住溺水者的鼻部，吹气后离开鼻子，让呼气自动排出。

(三) 人工循环

1. 检查溺水者有无脉搏

溺水者心搏停止后，脉搏亦即消失。判断溺水者是否有脉搏，最佳途径就是触摸溺水者的颈动脉。颈动脉位置靠近心脏，容易反映心搏的情况。操作时，施救人员用一只手置于溺水者前额使其头部后仰，另一只手的食指、中指在甲状软骨下摸到气管后，手指向外滑动，在气管与颈部肌肉之间的凹沟内即可以触及颈动脉（图12-32）。

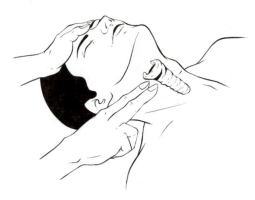

图12-32 脉搏检查

2. 胸外心脏按压

1）寻找按压区域

先将一手的中指沿溺水者的胸廓下部肋缘向上滑动，摸到肋弓和剑突交点处（即胸骨下切迹），食指中指并拢；另一手掌根部沿胸骨下滑一直碰到食指，该手掌心部位应该是胸骨下1/2段的中点。以食指、中指沿溺水者肌弓处向中间滑移，在两侧肌弓交点处寻找胸骨下切迹。然后将食指及中指横放在胸骨下切迹上方，食指上方的胸骨正中部即为按压区；以另一手的掌根部紧贴食指上方。再将定位手移走，以掌根重叠放于另一手手背上，手指脱离胸壁，可采用两手手指交叉抬起法。

2）按压方式

施救者双臂应绷直，双肩在溺水者胸骨上方正中，垂直向下用力按压，以髋关节为支点，以肩、臂部力量向下按压。

3）按压的用力方式

（1）按压应平稳、有节奏地进行，不能间断；

（2）不能冲击式地猛压，下压及向上放松的时间应相等。

（3）向下垂直用力，不要左右摆动。

（4）放松时定位的手掌根部不要离开胸骨定位点，但应尽量放松，勿使胸骨不受任何压力（图12-33）。

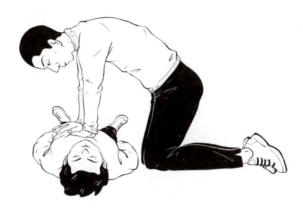

图 12-33　胸外心脏按压

4）按压频率

100 次/分。

5）按压深度

成人溺水者 4～5 厘米。按压时应随时注意有无肋骨或胸骨骨折。5 组或每 2 分钟轮换一次。

胸外心脏按压是否有效，其决定因素有：按压部位、按压频率、按压力度以及按压与放松时间比例。

第八节　游泳安全常识及自我救助

一、游泳安全常识

游泳活动是在水中这个特殊环境中进行的，为了游泳者的安全除了做好游泳场所的设备设施、场地器材（救生器材和急救器材）、救生人员配备等工作外，游泳者个人也应遵守和做到以下几点。

（一）牢牢树立"安全第一"的思想意识

水上活动会给游泳者带来很多益处和无限乐趣，但也有一定危险，俗话说："水火无情。"游泳时一定要切记"安全第一"，不能麻痹大意，必须慎之又慎。做到有危险的地方不去，不安全的事不做。如发现安全隐患，应及时提醒他人并向场馆工作人员报告。

（二）做好准备活动

游泳者下水前，要做好热身活动，以增加热量，同时将颈、肩、腰、膝等关节部位和全身肌肉活动开，以免发生关节损伤和肌肉拉伤。

（三）了解泳池的深浅区域

游泳者下水前，一定要了解泳池的深浅区域，尤其是初学者或第一次来泳池游泳的人，掌握了泳池水的深浅区域，安全就多了一份保障。

（四）不做易导致伤害事故发生的活动

为了游泳者的安全，在游泳活动中不要打闹、把人推入水中、刻意用水撩拨他人，或几个人抬一个人扔下水等。这些不良行为极易导致呛水、碰伤甚至溺水等意外事故的发生。

（五）不在水下进行危险活动

游泳时不要进行有危险的活动，如水下潜水、嬉闹等。泳池的水有深有浅，且有进出水口设施等。特别是在游泳旺季，游泳人数增多，如在水下潜游或嬉闹，不仅容易发生踩踏或撞伤事件，而且因耗氧量增大，容易引起缺氧甚至窒息。

（六）应遵循"循序渐进"的原则

大多数游泳者如果游得太猛、过快，容易缺氧，会出现头晕、恶心等不良症状。所以，游泳时一定要遵循"循序渐进"的原则，不要勉强和逞能，如出现体力不支或身体不适，应马上停止游泳，上岸休息以恢复体力。

二、游泳时的自我救助

（一）呼救

（1）如果遇到危险、身体不适、肌肉痉挛等突发紧急情况时，需要及时通过紧急呼救或其他醒目的方式，呼唤救生员及周围人前来援救，然后再根据现场情况自救。

（2）因身体难受、体力不支等因素无法通过语言来呼救时。最好的呼救方式是，放松身体仰卧在水面上，然后招手请求救援。在救援人员还未赶到时，要想方设法慢慢靠岸，等待施救。

（二）水上漂浮休息

由于受伤、肌肉痉挛、体能下降等原因不能继续游进时，采用水上漂浮休息等待救援，是一种非常好的自救方式。

（1）仰卧漂浮休息指身体仰卧水面，向上伸展双臂，两腿向外分开。吸气要深而短，呼气要缓慢，然后稍微屏气。为了使身体重心平稳，可调整漂浮姿势，如腿部下沉，可将手臂露出水面并屈腕。若仍然下沉，还可以通过两肘慢慢地屈伸，来摸索调节身体平衡姿势的最佳位置。

（2）身体垂直漂浮休息，可不做任何动作就能休息。但与仰卧漂浮休息法相比，身体垂直漂浮休息法动作难度较大，胫部肌肉容易疲劳。

（三）靠池边自救

（1）遇险情时，千万不要慌张，保持镇静，采用积极的自我保护方式，在身体条件允许的情况下，努力向池边靠近，同时高声呼救，尽可能节省体力，争取更多的时间等待救援。

（2）靠池边后要尽快找到能扶持支撑自己的固定物，仰卧水面或垂直水中放松休息，等待救援。

（四）肌肉痉挛自救

肌肉痉挛是游泳运动中经常遇到的一种突发状况。解救肌肉痉挛的有效办法，就是想方设法将痉挛部位的肌肉拉长伸展，下面介绍几种肌肉痉挛的解救方法：

1. 手指肌肉痉挛解救法

肌肉拉长伸展，然后配合按摩让痉挛缓解。先将手握拳握紧，然后用力伸开，伸直。反复几次痉挛就能消除。

2. 小腿前面肌肉痉挛解救法

先用一只手抓住脚趾，而后用力下按、上扳，反复几次痉挛就能消除。

3. 小腿后面肌肉痉挛解救法

先伸直患腿，一手按住膝盖或小腿部位，踝关节屈，一手抓住脚趾用力后扳并蹬直患腿（大腿后面肌肉痉挛解救法与此相同），反复几次痉挛就能消除。

4. 脚趾肌肉痉挛解救法

做脚趾伸和屈的动作，反复几次痉挛就能消除。

5. 腹部肌肉痉挛解救法

人体浮在水面，腿和头部尽量向后伸挺拉长腰腹，并用双手配合按摩腹部。反复几次痉挛就能消除。